LASS FARBE AN DICH RAN!

Purpur für meine Eltern,

ein Blau für meinen Mann,

Orange für meinen Sohn,

und einen Regenbogen

für meine Großmutter....

Elke Hubmann-Kniely

LASS FARBE AN DICH RAN!

In Farbigkeit getauchte Gedanken

Bibliografische Information Der Deutschen Bibliothek:

Die Deutsche Bibliothek verzeichnet diese Publikation in der Deutschen Nationalbibliografie; Detaillierte bibliografische Daten sind im Internet über <http://dnb.ddb.de> abrufbar.

© September 2005 – Books on Demand GmbH

Umschlaggestaltung: E. Hubmann-Kniely

Herstellung und Verlag: Books on Demand GmbH, Norderstedt

Printed in Germany

Dieses Buch wurde im On-Demand-Verfahren hergestellt.

ISBN 3-8334-3654-9

Inhaltsverzeichnis:

Vorwort

Das vorliegende Buch nimmt nicht in Anspruch, eine wissenschaftliche Abhandlung über die Thematik Farbe darzustellen.

Das vorliegende Buch ist ein kurzweiliges Plädoyer für die Vielschichtigkeit des Phänomens Farbe.

Entstanden aus einer Sammlung von Kolumnen, die über Jahre in einem Vorarlberger Printmedium erschienen sind und noch erscheinen.

Farbe wird von vielen als reine Dekoration gesehen, eine Freude für das Auge. Farbe ist jedoch nicht nur bunt! Sie nimmt Einfluss auf Körper, Geist und Seele und spielt in vielen Lebensbereichen eine bedeutende Rolle.

In kurzen Essays wird Farbe aus unterschiedlichen Blickrichtungen beleuchtet und vielleicht lernt man sie immer wieder aufs Neue kennen.

Einem Puzzle gleich, fügen sich die einzelnen „Farbansichten" zu einem Ganzen, welches jedoch, auf Grund der Vielfältigkeit des Themas, unvollständig bleibt.

Wer weiter und tiefer in die fantastische Farbenwelt vordringen möchte, der sei auf die Literaturliste, im Anhang dieses Buches, verwiesen.

Nun, das Abenteuer Farbe wartet.

In diesem Sinne: **Lass Farbe an dich ran!**

Angst vor Farbe

Schon für Aristoteles stellte Farbe eine Art Droge dar – er nannte sie „pharmakon". Sie verhüllt die wahren Formen, lenkt vom Wesentlichen ab und verwirrt dazu noch den Geist. Viele Architekten sind auch heute noch seiner Meinung und gehen mit dieser Aussage konform.

Die Farbe, als eine der natürlichsten Sachen der Welt, wurde in der Vergangenheit ständig unterdrückt und diskriminiert. „Kopflastige" Menschen interpretieren Farbe als Sprache der Natur nach ihren Vorstellungen. Sie wurde den niederen Wesen unseres Planeten (schlicht der Vegetation) zugesprochen, Gestik und Mimik als Sprachform wiederum den höheren Lebewesen und die wortreiche Sprache an sich der höchst entwickeltsten Lebensform auf Erden, dem denkenden Menschen.

Im Orient schwelgte man seit jeher in Farbenpracht. Reisende berichteten von verwirrenden, berauschenden Eindrücken. Farbe, eine Droge? Die westliche Welt hatte und hat andere Wertvorstellungen: Ordnung, Vernunft, Reinheit, Wahrheit – hier ist kein Platz für Farbe! Weiß ist sauber, klar, gesund, vernünftig und moralisch, Farbe hingegen gefährlich oder trivial.

Farbe verursacht eine Öffnung, eine Freisetzung von Emotionen. Ist in unserer leistungsbezogenen Welt wirklich kein Freiraum für Gefühle? Herz kämpft mit Kopf, Vernunft mit Gefühl! Selbst in der Kunst wurde eine starke Trennung zwischen Zeichnung und Malerei gezogen: der Gegensatz von Linie und Farbe. Das männliche Geschlecht der Kunst stellt die Zeichnung dar, den weiblichen Part übernimmt die Farbe. Schon wieder ein Gegensatz: männlich – weiblich? Die Farbe bewegt unser Herz, die Zeichnung zeigt, was uns durch den Kopf geht!

Gott sei Dank gab und gibt es auch Maler wie Cezanne. Für ihn bestand die Welt aus „Farbflecken" und Malen verstand er als „das Aufzeichnen von Farbempfindungen".

Farbe der Armee

Von Zeit zu Zeit ist der „Army-Look" in Mode; leider nicht nur auf den Laufstegen dieser Welt. Wir konnten und können uns täglich vom umstrittenen "Charme" der Armeefarben in den aktuellen Kriegsberichten überzeugen. Schlammiges graubraunes und olivfarbenes Fleckenmuster! Bei dieser Farbwahl stand die Natur Pate; ideal zum Täuschen und Tarnen.

Doch das war nicht immer so. Es gab Zeiten, wo Mann gegen Mann auf Hautkontakt zu kämpfen hatte. Die Zeit, in der man seine militärische Übermacht in der „Buntheit" seiner Uniformen zur Schau stellte. Die „Rote Armee" beispielsweise war weithin sichtbar, die Farbe Rot demonstrierte Macht, Kraft, Überlegenheit und Kampfeslust. Warum sollte man sich da noch verstecken? Psychologische Kriegsführung mit Hilfe der Farbe.

Die rote Farbe war dem Kriegsgott Mars geweiht. Bis Ende des 19. Jahrhunderts war daher Rot die dominierende Farbe bei Soldatenuniformen. Auch Preußischblau und Russischgrün tragen ihre Namen in Anlehnung an frühere Uniformfarben. Die Preußen stellten mit Blau ihre Korrektheit, Seriosität und Untertanengeist dar. Seit dem Ersten Weltkrieg jedoch wurde der Soldat unsichtbar, er trägt Tarnfarben.

Doch auch als man noch „uniformlos" und ungeordnet in den Krieg zog, spielte Farbe eine bedeutende Rolle. Man bemalte Körper und Gesicht, um sich Mut zu machen und zu stärken, und um den Gegner einzuschüchtern.

Die bunte Bärenbande

Nicht erst seit „Wetten, dass…" ist das Gummibärchen in fast aller Munde und nicht nur Kinder frönen dieser Kultsüßigkeit. Als echtes Designerprodukt haben die kleinen Gelatinebären jedoch, dem Zeitgeist entsprechend, sowohl ihre Figur, als auch ihre Farbe im Laufe der Zeit verändern müssen. Im Jahre 1922 gingen die ersten Fruchtgummis in Bärenform noch einzeln über den Ladentisch. Das dichte Zottelfell, die Körperfülle und die starke Leuchtkraft ihrer Farbigkeit haben sie im Zuge der Gesundheitswelle verloren. Schlanker und der kleine Körperwuchs täuschen beim Verzehr weniger Kalorien vor und die verwendeten pflanzlichen Farbstoffe erzeugen mattere Buntheit.

Haben Sie sich vielleicht schon einmal gefragt, warum Sie niemals auf ein blaues Bärchen stoßen? Die Antwort lautet: Weil es keinen natürlichen Farbstoff gibt, der sie blau färben könnte! Schwarzbeeren würden einen violetten Ton hervorbringen – doch, während junge Konsumenten mit Vorliebe Lebensmittel in unnatürlicher Farbgebung verzehren, schreckt violette Farbe ältere Kunden ab. Der Farbton wird also dem Verbraucher angepasst. Gelb, grün, orange und rot signalisieren natürliche Bekömmlichkeit. Laut Umfrage steht das rote Bärchen am höchsten im Kurs. Die Firma Haribo hat darauf reagiert und nun findet man doppelt so viele rot gefärbte Genossen in der Packung wie anders farbige.

Im Gegensatz zu den Gelatinebärchen sind die beliebtesten Smarties blau! Daran lässt sich das Altersspektrum der Verbraucher ablesen. Schokolinsen sind also nur für Kinder, Bärchen auch noch für Leute über 40!

Farbe im Film

Als das Kino und die Fernsehanstalten nur in „schwarz-weiß" ausstrahlten, war die Welt noch in Ordnung. Man konnte mit Leichtigkeit zwischen Realität und Film unterscheiden. Die Natur produzierte in gewohnter Farbe, die Kunst in Grauschattierungen. Die Berichterstattungen von der Kampffront sahen in s/w auch wesentlich beruhigender aus, als sie in Wirklichkeit waren.

Doch dann entdeckte Hollywood die Farbe – Verwirrung! Was war nun real, was nur Fiktion? Die Farben Schwarz und Weiß stehen für Geradlinigkeit, Glaubwürdigkeit und Sachlichkeit. Bunte Farben strahlen hingegen Leichtigkeit, Unbekümmertheit und Phantasie aus.

Diese Unterscheidung wurde und wird noch heute von vielen Produzenten gezielt eingesetzt. Ernste Spielfilme verzichten bewusst auf Farbe. Hier zählt das Wort, der Dialog, die Dramatik der Episode. Auf einen Vergleich mit dem täglichen Leben wird gewollt verzichtet. Farbe lenkt von der Handlung ab! Mit Farben werden Gefühle geweckt, Emotionen hervorgerufen.

Im Film „Himmel über Berlin" von Wim Wenders wird das Reich der Engel (emotionslose Wesen) in Schwarzweiß gezeigt. Die Welt der menschlichen Wesen, mit all ihren Stärken und Schwächen, erscheint in Farbe. In „Stadt der Engel" eilt Nicolas Cage als Engel, eingehüllt in einen dunklen, bodenlangen Mantel, durch die bunte Welt menschlicher Emotionen. Schwarz, Weiß, Grau - keine Farben für Gefühle?!

Fantasiefilme leben jedoch von der Farbgewalt der Kostüme. Man berauscht sich an der Farbgebung und vergisst dabei auf die Handlung zu achten. Verzichtet der Kunstfilm mit Recht auf die Buntheit? Alles mit Maß und Ziel! Farbe ist doch schlicht die Sprache der Natur – wir sollten darauf hören...

Farben im Businessbereich

Jeder, der schon einmal eine Besprechung mit seinem Chef hatte, auf ein Meeting geschickt wurde oder selbst einen Vortrag halten musste, kennt das Problem: Was zieht man in solchen Fällen an? Welche Bekleidung vermittelt mir die gewünschte Ausstrahlung von Seriosität und Kompetenz?

Männer tun sich an diesen Tagen etwas leichter als Frauen. Fast kein männliches Wesen, das nicht einen Anzug in schwarzer, grauer oder dunkelblauer Farbe in seinem Kleiderschrank hängen hat - genau die Farben, die der Dresscode vorschreibt.

Je höher man die Karriereleiter hinaufsteigt, desto strikter und starrer werden die Kleidungsvorschriften. Natürlich gibt das berufliche Umfeld den Spielraum der Farbigkeit vor. Kreative Berufe erlauben fast alles, es muss nur kreativ sein. Arbeitet man jedoch in Bereichen des Rechtes oder des Geldes (Bankwesen) ist man als „bunter Hund" völlig deplaziert. Hier zählen Daten und Fakten - eben schwarz und weiß.

Frauen gleichen ihre Kostüme und Hosenanzüge farblich gerne ihren männlichen Kollegen an. Es ist noch nicht so lang her, dass das weibliche Geschlecht den Platz als repräsentierende Ehefrau und Hausfrau mit dem der „Karrierefrau" tauschte. Man passte sich eben kleidungsmäßig an!

Frauen, die mit beiden Beinen im Berufsleben stehen, müssen sich ihrer Weiblichkeit auf gar keinen Fall schämen und sofort in Kleider- und Farbwahl zum Manne mutieren. Denn mit Maß und Ziel ist auch im grauen Business Platz für Farbe. Dezent eingesetzt, beleben sie die Eintönigkeit der „Anzugswelt" und stellen dabei die Kompetenz und Sachlichkeit des Trägers oder der Trägerin niemals in Frage.

Die Braut in Weiß

Frühling, Zeit der zärtlichen Gefühle, Zeit „Ja" zueinander zu sagen, Zeit, um Hochzeit zu feiern.

Das weiße Brautkleid ist der romantische Inhalt zahlloser Mädchenträume. Das reine Weiß soll die Jungfräulichkeit der Braut symbolisieren. Heutzutage tritt diese Symbolik jedoch in den Hintergrund, nur die festliche und elegante Ausstrahlung, die von der Farbe weiß ausgeht, zählt. Viele Frauen treten noch immer in Weiß vor den Traualtar. Ist dies die klassische Form des Brautkleides?

Keineswegs, diese Mode kam erst im 19. Jahrhundert auf. Den Trend zum „Traum in Weiß für einen Tag" brachte 1840 Königin Victoria von England auf. Sie trug als erste Frau auch einen weißen Schleier während ihrer Hochzeitszeremonie.

Für einen Tag eine Königin sein - dies konnten sich die wenigsten jungen Frauen leisten. Was also trug man am wichtigsten Tag seines Lebens? Eine Heirat war einst eine Vereinbarung, ein Handel unter Familien und alles andere als eine romantische Angelegenheit. Kein Platz für dekorative Brautmode! Man zog einfach sein bestes Kleid aus dem Schrank, ohne auf eine spezielle Farb- oder Stilwahl zu achten; Farbe und Schnitt entsprachen der jeweiligen allgemeinen Mode. Ein Kleid, tragbar an nur einem einzigen Tag seines Lebens, das wäre Sünde gewesen. Die Kirche unterstützte lange Zeit diese Ansicht - jeder Luxus wurde verdammt. Wer aus besserem Haus stammte und es sich leisten konnte, trug ein bodenlanges Kleid aus schwarzer Seide. Dieses Stück konnte später zu festlichen Anlässen getragen werden. Schwarz, als Farbe, war auch der Situation angemessen. Heirat war ein Geschäft. Vernunft vor Gefühl.

Gott sei Dank existiert heute die Ehe aus Liebe! Viel Glück allen Paaren auf ihrem gemeinsamen Weg!

Das klassische Brautpaar

(zynische Bemerkungen zu Schwarz und Weiß)

Am schönsten Tag des Lebens, kurz am Hochzeitstag, tritt der Großteil der Paare in der klassischen „Schwarz für ihn – Weiß für sie - Variante" vor den Traualtar. Doch wissen die angehenden Eheleute eigentlich, was sie mit dieser Farbwahl kundtun?

Das weiße Hochzeitskleid vermittelt den Eindruck der Unschuld, der Reinheit, der Aufgabe. Die weiße Flagge ist ein Zeichen der Kapitulation. Was gibt die Braut also an diesem Tag auf? Ihre Unschuld, ihren Namen, ihre Unabhängigkeit? Weiß ist auch ein Zeichen des Guten und der Freude. Gut, wir wissen jetzt, die Braut freut sich. Aber was ist mit dem Bräutigam?

Schwarz ist in unseren Breiten gemeinhin die Farbe der Trauer und des Endes. Ist der Mann also traurig, dass seine Junggesellenzeit endet? Ist er sich seiner Machtausübung als Familienoberhaupt bewusst? Wird er seriös und korrekt für das Brot und das nötige Kleingeld im gemeinsamen Haushalt sorgen? Macht, Ernst, Seriosität - Aussagen der Farbe Schwarz. Nicht umsonst trägt der Richter eine schwarze Robe bei der Urteilsverkündung.

Man kann so zynisch und bösartig sein, wie man will - es ist doch immer wieder ein besonderes Erlebnis, einer Braut im weißen Kleid und einem Bräutigam im schicken schwarzen Anzug viel Glück für die gemeinsame Zukunft zu wünschen.

In diesem Sinne: Für alle, die sich trauen sich zu trauen – viel Glück und einen wunderschönen Hochzeitstag!

Das Blatt – ein Feuerwerk der Farben

Schnell, viel zu schnell, fallen die Nebel ein, die kalte Jahreszeit beginnt. Neben den angenehm lauen Temperaturen verschwindet auch die Farbenvielfalt langsam aus der Natur. Vorbei ist es mit den satten Grüntönen der Wälder und der kunterbunten Pracht der Sommerwiesen. Die Natur zieht sich zur Ruhe zurück.

Doch bevor das Laub von den Bäumen zu fallen beginnt, bieten die Blätter dem Betrachter noch ein wahres Farbfeuerwerk der Extraklasse. Grün, gelb, orange, rot – die Herbstfärbung der Blätter stellt immer wieder ein beeindruckendes Farbschauspiel dar. Die Natur beweist uns jedes Jahr aufs Neue, wie gut sie die Farbharmonie beherrscht. So mancher Maler hat sich daran schon ein Beispiel genommen, sich an ihr gemessen, und dennoch hat niemals jemand die Farbenpracht der Natur übertreffen können.

An einem einzigen Blatt sind Färbungen verschiedener Töne beobachtbar. Wie ist das möglich? Die Zellen der Blätter beinhalten neben dem Chlorophyll (grüner Farbstoff) auch Blattpigmente, die ebenfalls für die Photosynthese von Bedeutung sind. In den Herbstmonaten wird das Chlorophyll abgebaut, das Laub verliert seine grüne Farbe, und die diversen Pigmente werden sichtbar. Wir können die leuchtend gefärbten Blätter bewundern, bevor sie vollends absterben.

Doch kein Grund melancholisch zu werden. Das nächste Frühjahr mit seiner zarten Knospenbildung kommt bestimmt, man muss nur warten können; und in der Zwischenzeit holt man sich die natürlichen Farbtupfer in Form von Schnittblumen in die eigenen vier Wände.

Viel Licht und Farben beugen bekanntlich der Winterdepression vor. Im Herbst ist die beste Zeit, beides in noch reichlichen Mengen zu tanken!

Die Farben des Regenbogens

Gerade die Sommermonate sind prädestiniert für farbenprächtige Naturereignisse. Damit meine ich nicht die berühmten Bregenzer Seespiele. Die Natur inszeniert ihre eigenen gewaltigen Festspiele.

An schwül-heißen Sommertagen kann man diesen, wenn man Glück hat, auch beiwohnen. Gewaltige Energieentladungen lassen Blitz und Donner auftreten, danach ein befreiender Regenguss und nach einigen Minuten eine außergewöhnliche Stille. Die Erde dampft und die Luft riecht nach Sommer. Bühne frei für den nächsten Akt: wie aus dem Nichts tauchen farbige Bänder am Himmel auf: Rot, Orange, Gelb, Grün, Blau und Violett. Ein Regenbogen spannt sich über das Firmament.

Ein beeindruckendes Schauspiel, welches nicht nur Poeten und Textschreiber inspiriert haben dürfte. Der Sage nach befindet sich am Ende des Regenbogens ein Topf mit Gold, in der Erde vergraben....

Nüchtern betrachtet handelt es sich bei diesem Schauspiel um ein physikalisches Phänomen, nämlich um die Brechung des Sonnenlichtes in seine Spektralfarben. Der Physiker Isaac Newton konnte durch seinen berühmten Versuch beweisen, dass farbneutrales, weißes Licht beim Durchqueren eines Glasprismas in farbige Anteile aufgespalten werden kann. Dieses Experiment ist jederzeit im eigenen Heim nachvollziehbar. Hängt man einen Kristall (in allen Esoterik-Läden erhältlich) an sein Fenster, kann man bei Sonneneinstrahlung die bunten Farbflecken im Raum tanzen sehen. Im Fall des Regenbogens übernimmt der Wassertropfen die Aufgabe des Prismas.

Sonne ist Licht, Licht ist Energie und Energie ist Leben. Auch Farben sind für Geist, Körper und Seele lebenswichtig. Jede Spektralfarbe besitzt eine eigene Schwingung und strahlt somit mit unterschiedlich hoher Energie. Doch die Gesamtheit der Farbe ist nicht mit unserem Verstand zu erfassen.

Jeder von uns zeichnet sich durch diverse Farbvorlieben und auch Farbabneigungen aus. Bestimmte Farbtöne lösen in uns Menschen spontan Furcht, Freude oder Erregung aus, andere wiederum besitzen die Fähigkeit uns zu beruhigen.

Goethe, ein Poet, der sich einen Großteil seines Lebens mit dem Studium von Farben befasste, schrieb über sie:" Das Auge bedarf ihrer, wie es des Lichts bedarf. Man erinnre sich der Erquickung, wenn an einem trüben Tage die Sonne auf einen einzelnen Teil der Gegend scheint und die Farbe dasselbst sichtbar macht!"

Während der Sommermonate prahlt die Natur mit ihrer Farbenvielfalt. Nehmen Sie diese auch bewusst wahr. Legen Sie sich eine Reserve für die „grau in grau" Monate des Winters an.

Die Farbigkeit der Kirche

Die Zeit, in der Geistliche in „Schutt und Asche" gehüllt einherzogen, um ihre Demut vor Gott zu bezeugen, ist lange vorbei.

Mönche verzichteten bewusst auf farbige Gewänder, um sich vom Konsum- und Kaufzwang und der Lebenslust der Bevölkerung abzuheben. Das Schwarz der Priestergewänder war und ist bis heute jedoch nicht die billigste Färbevariante von Stoffen. Der Preis eines Priestertalares ist mit dem eines Herrenanzuges der gehobeneren Art durchaus gleichzusetzen. Einen lichtecht schwarz gefärbten Stoff zu erzeugen war nämlich schon immer teuer und aufwendig. Schwarz, die Farbe der Seriosität, der Macht und des Unnahbaren - vielleicht ein Schutz!?

Während die Amtstracht der protestantischen Priester nach wie vor schwarz ausfällt, ist in die katholische Priesterkleidung Farbe eingezogen. Schwarz wird noch zu Totenmessen getragen, ansonsten beherrscht die Farbe Grün die „Arbeitskleidung".

Die Farbe Rot symbolisiert Blut und das Feuer des Heiligen Geistes und ist die Farbe für Pfingsten, Palmsonntag und für Gedenktage von Märtyrern. Violett, gleichzusetzen mit Spiritualität und dem Zugang zum kosmischen Denken, wird in Zeiten der inneren Einkehr, nämlich in der Fasten- und Adventszeit, getragen. Blau ist dem Umhang der Gottesmutter vorbehalten.

Orange und Gelb fehlen in der katholischen Kirche, sie gehören nicht zu den liturgischen Farben. Anders bei buddhistischen Glaubensbrüdern: hier steht Orange als Farbe der Erleuchtung ganz bewusst im Mittelpunkt. Erleuchtung ist für Buddhisten die höchste Stufe menschlicher Vollkommenheit, und damit ist die Farbe Orange es wert, als deren Symbolfarbe zu gelten.

Gelb, die Farbe, die dem Licht am nächsten ist, findet sich, unverständlicherweise, nicht einmal in den Abbildungen des Heiligenscheins von katholischen Heiligen wieder.

Gelb wurde seit jeher zum Brandmarken von Randgruppen herangezogen. Das gelbe Kopftuch outete ledige Mütter; gelbe Kleidung musste von Prostituierten getragen werden, und aus der jüngsten Vergangenheit ist uns allen noch der gelbe Judenstern in fragwürdiger Erinnerung. Gelb in seiner edelsten Form hat jedoch auch in unserer Kirche Platz gefunden. Goldbestickte Talare sind keine Seltenheit.

Weiß stellt die hierarchisch höchste Farbe im liturgischem Gewand dar. Sie wird zu den höchsten Festen der Kirche, nämlich zu Ostern und Weihnachten, eingesetzt. Weiß ist die Summe aller Farben, das Ganze, das Vollkommene, das Heilige!

„Emotionales Wohnen"

Schon einmal etwas von Lifestyle-Persönlichkeits-Coaching gehört? Hinter diesem sperrigen Ausdruck verbirgt sich jedoch eine einfache Aussage: Gestalte deinen Wohnbereich derart, damit du dich wohl fühlen kannst.

Der Mensch gestaltet für sich seinen Lebensraum, doch eines sollte man nicht vergessen: Der Lebensraum gestaltet auch unsere Persönlichkeit! In seine vier Wände zurückziehen um Stress zu bewältigen, abzuschalten, seine seelischen Wunden zu lecken, Kraft zu tanken! Eine positive Lebenseinstellung resultiert aus der Interaktion mit seiner Umgebung. Da es fast unmöglich ist, die gesamte Welt nach seinen Vorstellungen zu verändern, erscheint es doch zweckmäßiger, seinen Wohnbereich, den eigenen Bedürfnissen angepasst, einzurichten.

Heutzutage „coacht" man nicht nur seine Fitness und seine Freizeit, sondern auch noch seine Wohnung und seine Persönlichkeit? Können wir nichts mehr ohne Hilfe von außen? Jeder weiß, wie schwer uns Veränderungen fallen können. Man trennt sich eben nicht leicht vom „Gewohnten". Erst einschneidende Erlebnisse lassen uns wagemutiger werden. Die Vollendung eines Lebensabschnittes, eine Trennung oder eine Krankheit lassen den Willen aufkeimen, einmal unbekannte Pfade zu beschreiten. Eine neue Frisur, ein neues Outfit?

Wie wäre es mit einer Umgestaltung im Wohnbereich? Es müssen nicht immer Wände abgebrochen werden, auch kleine Veränderungen zeigen positive Effekte. Eine neue Farbgestaltung ist leicht zu realisieren - eine neue Wandfarbe oder bunte Accessoires wirken oft Wunder. Nur Mut zur Veränderung, denn der Wohnbereich drückt aus, wie wir uns fühlen.

...und manchmal hilft ein Außenstehender den eigenen Lebensstil zu optimieren.

Farbe bestimmt das Essverhalten

„Das Auge isst mit!" - doch nicht nur vom kunstvoll angerichteten Speiseteller selbst! Auch das farbliche Ambiente der Tischdekoration bestimmt zu einem erheblichen Teil unser Essverhalten mit.

Selbst wenn wir sie nicht bewusst wahrnehmen, so wirken Farben doch auf uns ein und rufen Emotionen in uns wach. Auf Grund der Tatsache, dass es sich dabei um Schwingungen handelt, bringen uns Farben einfach ins Schwingen. So gibt es Farbtöne, die den Speichelfluss in Gang setzen, also appetitanregend wirken, und natürlich kann man mit der geeigneten Farbwahl auch das Gegenteil, einen appetitzügelnden Effekt erzielen. Die Tischwäsche lässt ebenso Erwartungshaltungen im Bezug auf die Auswahl der Speisen aufkommen.

Bodenständige Kost mundet auf warmtoniger (oranger, goldiger, gelber bis naturbrauner) Tischwäsche am besten. Da diese Farben auch appetitanregende Wirkung zeigen, erwartet man sich einen wohlgefüllten Teller.

Die Portionen können hingegen auf violett bis rose-farbig dekorierten Tischen etwas schmäler ausfallen, ohne dass dies bei den Gästen unangenehm auffallen würde. Hier freut man sich auf kleine, aber feine, etwas raffinierter zubereitete Speisen.

Der Farbeindruck bei Tisch wird nicht nur über die gewählte Tischdecke allein erzielt. Auch Servietten oder farblich abgestimmte Kerzen vermitteln Stimmung. Selbst bei Essgeschwindigkeit und Gesprächsklima haben die Farben ein Wörtchen mitzureden.

Farbe im Alter

Wer ist heutzutage schon alt? Eine skurrile Situation: **niemand** ist alt, aber **jeder** möchte alt werden! Es lässt sich nicht leugnen, dass sich die Anzahl der erlebten Frühlinge auf unsere Funktionsweise niederschlägt. Neben Einschränkungen im Bewegungsapparat kommt es unwiderruflich auch zu einer Abnahme der Sinnesleistungen. Man hört und sieht nicht mehr so gut wie in jüngeren Jahren. Um die Selbstständigkeit bis ins hohe Alter und bei gewohnter Lebensqualität zu ermöglichen, muss die Lebensraumgestaltung darauf Rücksicht nehmen. Neben dem barrierefreien Wohnen (Stolpersteine aus dem Weg räumen!) ist auch der gezielten Farbgestaltung ein hoher Stellenwert einzuräumen.

Durch Farbkontraste zwischen Boden, Wänden und Decke verbessert sich das räumliche Sehen. Die Bepolsterung der Sitzmöbel sollte sich farblich deutlich vom Fußboden abheben, der sich wiederum durch seine Farbgebung auch optisch als trittsicher und tragend zu erkennen geben sollte. Türen, die gut erkennbar aus der Wand heraustreten, und ausgeleuchtete Flure sind für die eigene sichere Beweglichkeit notwendig. Gute Beleuchtung, die nicht blendet!

Das ältere Auge braucht mehr Licht. Durch Trübung und Verkratzung der Linse kommt es mit den Jahren auch zu einer Verschiebung im Farbempfinden. Die blauen Farbtöne vergrauen und können ruhig kräftiger verwendet werden.

Doch keineswegs verliert im Alter die Farbe ihre Wirkung. Eine farbenfrohe Umgebung hebt die Stimmung und diese Tatsache ist altersunabhängig.

Die bunte Blumensprache

Laue Frühlingstemperaturen schlagen sich auf das Gemüt. Gefühle erwachen oder werden wieder geweckt. Was wäre Romantik ohne Liebesbeweise, die haufenweise in Form von SMS oder E-Mails zur Zeit versandt werden? Das Überreichen einer einzigen roten Rose bedarf keiner größeren Erklärung. Diese Geste wird auf der ganzen Welt verstanden.

Doch die erweiterte Blumensprache ist nicht so trivial, wie man meinen könnte. Die Symbolik, die einzelnen Blumensorten und deren Farben zu Grunde liegt, erscheint bei genauerer Betrachtung so kompliziert, wie eine Fremdsprache. In jedem Fall wert, sie zu verstehen. Die Kunst, ohne Worte zu kommunizieren, stammt mit hoher Wahrscheinlichkeit aus dem Orient und wurde von Lady Mary Wortley Montagu Anfang des 18.Jahrhunderts nach London gebracht. Die Liebenden hatten zu jener Zeit selten Gelegenheit, ungezwungen und unbeobachtet miteinander zu reden, und so legten sie all ihre innigsten Wünsche, Bitten und Botschaften in die Auswahl und Farbigkeit der verschenkten Blumensträuße. Wer sich in diese „Kommunikation per Blüte" vertiefen möchte, sollte sich mit der ausreichend vorhandenen Literatur befassen.

Bleiben wir beim pflanzlichen Inbegriff der Liebe – der Rose. Verändert man die Farbe, verändert man auch die Bedeutung ihrer Aussage. Bei Rosa wird die unbändige, heiße Liebe zärtlicher, bei Weiß sogar platonisch. Die gelbe Farbe lässt Eifersucht erkennen. Rot und Weiß in Kombination sollte nur in zahlenmäßig größeren Gebinden verschenkt werden. Hier liegt die Bedeutung bei Einigkeit und Herzenswärme. Überreiche niemals nur eine rote und eine weiße Blume, dies käme einer Kriegserklärung gleich. Nur für große Brieftaschen: 50 Rosen erzählen von bedingungsloser Liebe und Hingabe.

Doch die Rose als Liebespflanze sagt auch im Soloauftritt (eine einzige Blüte reicht aus), was sie ihrem Gegenüber schon immer deutlich machen wollten: Ich liebe dich!

Farbigkeit der Kleidung

Die ursprüngliche Funktion der Bekleidung bestand im Schutz vor Kälte, Hitze und Verletzungen. Die farbliche Komponente war durch die Beschaffenheit der verwendeten Naturmaterialien (Fell, Leder) vorgegeben. Doch schon in der Jungsteinzeit wurde das Gewebe nachweislich mit Pflanzenfarben gefärbt. Man geht davon aus, dass die ersten Stofffarben Gelb, Rot, Schwarz und Blau waren. Die Färbetechniken wurden aufwendiger und bald schon bildete sich eine eigene Berufsgruppe, die der Färber, aus.

Lange Zeit galt dunkle, ungefärbte Kleidung als Zeichen von Armut. Farbe als Statussymbol! Kleiderordnungen wurden erlassen, in denen festgesetzt war, wann und von wem gewisse Farben getragen werden durften. Farbige Kleidung bestimmte nicht den Alltag, sondern stellte ein Privileg der Oberschicht dar, oder durfte nur an Feiertagen getragen werden. Zuwiderhandeln wurde strafrechtlich verfolgt.

Auch die Gruppenzusammengehörigkeit wird perfekt durch textile Farbgebung in Szene gesetzt. Gefärbte Einheitskleidung, die sich vom sozialen Umfeld abheben soll. Man denke an die Uniformen beim Militär, an staatliche Institutionen wie Polizei, Post oder Bahn oder auch an die Dienstkleidung der Ärzte.

Auch bei Teamsportarten sind farbliche Unterscheidungsmöglichkeiten gegeben: Rot gegen Gelb! Teamzusammengehörigkeit! Einzelne Gruppen sind auf den ersten Blick unterscheidbar.

Heute ist bei der Bekleidung selten die Schutzfunktion von Bedeutung, der schmückende Aspekt steht im Vordergrund. Obwohl die unbunten Farben Schwarz, Weiß und Grau als zeitlos elegant gelten, ist die Buntheit aus der Modewelt nicht mehr wegzudenken. Gerade die Sport- und Freizeitkleidung strotzt farblich vor Energie und Lebensfreude. Und was wäre eine neue Herbst- bzw. Frühjahrskollektion ohne neue Trendfarben? Nicht vorstellbar!

Farben sind mächtig

Was wir auch immer unternehmen, ständig haben wir es mit Farben zu tun. Farbschwingungen sind wir tagaus, tagein, rund um die Uhr, ausgesetzt. Doch anders als bei der Röntgenstrahlung, ist diese Art der Strahlung harmlos, jedoch nicht nutzlos!

Ob der Kauf eines neuen Autos ansteht, ob man seine Garderobe aufstocken möchte, ob es gilt, die Wohnung zu sanieren, ja selbst beim Orientieren im Straßenverkehr oder bei der Auswahl von Lebensmitteln, stoßen wir auf Farben. Sie helfen uns Ordnung in die Akten zu bringen, sie kennzeichnen Notausgänge oder giftige Substanzen. Farben prägen und steuern menschliches Denken, Fühlen und Handeln. Farben sind elektromagnetische Wellen und Wellen bewegen uns nun einmal!

Durch gesteuerte Farbgebung kann man bewusst Gewicht, Geschmack, Haltbarkeit, Frische und Qualitätsempfinden manipulieren. Dies ist in der Werbebranche ein alter Hut. So wurde laut einer Studie das Gewicht ein und derselben Kiste, je nach Farbigkeit, unterschiedlich eingeschätzt. Die schwarze Variante wog für die Versuchspersonen doppelt so viel, wie die weiße Kiste. Umgesetzt auf den Verkauf bedeutet das: dunkle Verpackungen wirken immer gewichtiger als helle.

Selbst das subjektive Kälteempfinden ist durch Farbe überlistbar. Bei unterschiedlichen Versuchsreihen wurde ermittelt, dass in blau-grün ausgemalten Räumen bei ca. 15°C Kälte festgestellt wurde, in rot-orange farbigen Räumen sich das Kältegefühl erst bei 13°C einstellte. Könnte man durch dieses Wissen nicht an Heizkosten sparen?

Farben greifen auch weitreichend in die biochemischen Prozesse des menschlichen Körpers ein. Sie beeinflussen Herzschlag, Puls- sowie Atemfrequenz und können sich nachweislich auch auf den Blutdruck auswirken.

Wenn man sich vergegenwärtigt, dass 80% aller Informationen optischer Natur sind, kann man sich auch der Mächtigkeit der Farben nicht verschließen.

Farbvorlieben

Jeder von uns hat gewisse Farbvorlieben und spricht positiv auf bestimmte Farbvariationen an. Genauso verhält es sich im umgekehrten Sinne. Wir fühlen uns von einigen Farben abgestoßen, obwohl wir den wahren Grund dieser Ablehnung nicht bewusst erklären können.

Farbpräferenzen prägen uns von frühester Kindheit an, stammen aus Eigenerfahrungen und auch aus der Tradition des Elternhauses. Nationalität und farbliche Umwelt sind ebenfalls mitbestimmend. Jeder Kulturkreis hat seine eigene Farbigkeit.

Wir Mitteleuropäer sind mit einer üppig wachsenden grünen Vegetation gesegnet, für uns erscheint die Farbe Grün darum als etwas Alltägliches. In Ländern, in denen karge Wüsten- oder Steppenlandschaften die Topologie prägen, wird Grün zu etwas Besonderem, etwas Heiligem. Für den Islam stellt Grün eine göttliche Farbe dar.

Gelb ist in unseren Breiten nicht besonders beliebt, wohl seine edelste Form, das Gold! Menschen mit gelblicher Hautfarbe sehen es naturgemäß etwas differenter. Im asiatischen Raum ist Gelb dem Herrscherhaus vorbehalten.

Die regionalen Farbfavoriten spiegeln sich sogar in der Automobilindustrie wieder. Der Markt forscht und das Fahrrzeugdesign stellt sich auf die Kundenwünsche ein. Die meist verkaufteste Automobilfarbe der Europäer war bis vor kurzem Blau. Der asiatische oder nordamerikanische Markt wäre hingegen auf diesen Modellen sitzen geblieben. Hier beherrschen silberfarbige und weiße Autos das Straßenbild.

Eigene Marketing-Strategen bestimmen Jahre voraus die Farbtrends der Zukunft. Soziale, kulturelle und wirtschaftliche Trends spielen hierbei eine Rolle. Wir lassen uns auch durch Modediktate stark steuern und manipulieren. Jedoch, Farbvorlieben bleiben individuell und sollten auf gar keinen Fall verleugnet werden. Die Farbigkeit des Gewandes, das man trägt, und der Räume, in denen man lebt, bestimmen die geistige und körperliche Haltung eines Menschen.

Modefarben – für alle tragbar?

Um den Modehandel in Schwung zu halten, wird alle paar Jahre die Schnittführung der Kleidung verändert. Um modisch zu sein oder zu bleiben, wird von den Kunden erwartet, die Garderobe alle paar Jahre um- und sich auf die neuen Trends einzustellen.

Pünktlich zu den Frühjahres- und Herbstthemen in der Bekleidung tauchen auch die neuen Modefarben auf. Langsam, aber doch nicht behutsam, wird das Auge des potentiellen Käufers auf die neuen Farben eingestellt. Es gibt keine Auslage, kein noch so kleines Accessoire, welches nicht in der derzeitigen Trendfarbe erstrahlt.

Mode ist einerseits der Spiegel der Gesellschaft und zum anderen ein bedeutender Wirtschaftszweig. Mode sollte jedoch vor allem eines sein – ein launiges, buntes Spiel in unserem grauen Alltag.

Die Jugend kann sich Kopf über in die neuesten Modetrends stürzen, ausprobieren und testen. Nach und nach, im Laufe der Jahre, sollten Frau und Mann jedoch ihren eigenen Stil gefunden haben. Man weiß dann um seine Qualitäten und kennt die Möglichkeiten, diese in Szene zu setzen. Durch eine einmalige Farb- und Stilberatung lernt man die Farbpalette kennen, die jedem einzelnen perfekt zu Gesicht steht und dem jeweiligen Farbtyp besonders schmeichelt.

Doch das Wissen um die passenden Farben sollte keineswegs ein starres Korsett darstellen. Belustigt nimmt auch die „reifere" Dame und der „reifere" Herr die Modetrends auf. Entspricht die Trendfarbe nicht der eigenen Farbauswahl, setzt man mit Accessoires oder Bekleidung unterhalb der Gürtellinie (Hose, Rock) ein Zeichen des farblichen „up to date sein`s". Einzig die Farbe, in Gesichtsnähe getragen, beeinflusst maßgebend die Ausstrahlung.

Somit kann man sich leicht und beschwingt am Puls der Modezeit befinden, ohne eigenen Stilbruch begehen zu müssen.

Lass Farbe an dich ran!

Farbwirkung auf Kunden

Der erste Eindruck eines Menschen wird zu 80% über die Optik bestimmt. Daher ist es keineswegs egal, in welcher Form und Farbe wir unserem Gegenüber gegenüberstehen.

Für kundenorientierte Unternehmungen ist es daher von wesentlicher Bedeutung, wie man den Kunden entgegentritt. Die Branche bestimmt großteils die Farbe der Kleidung.

Läutet ein Installateur im weißen „2-Reiher" an der Türe, wird man mit Sicherheit seine Kompetenz anzweifeln. „Kann der überhaupt anpacken?" Ein Bankangestellter im bunten Hawaii-Hemd vermittelt Lockerheit und Flatterhaftigkeit. „Ist das der Mensch, dem ich meine Geldgeschäfte anvertrauen kann?"

Ein weißer Mantel im Krankenhausbereich ruft sofort Kompetenz und Unnahbarkeit in mir wach. Hier kommt ein Arzt. Im Spital ist Weiß die Arbeitsuniform. Bei Arztpraxen sollte die Patientennähe jedoch farbiger demonstriert werden.

Verkäufer, von Kopf bis Fuß in dunkelblauen oder schwarzen Stoff gehüllt, passen vielleicht in „hippe" Jugendstores und In-Boutiquen. Diese Geschäfte betreten ohnehin nur Insider. Der einfache Mann bzw. die einfache Frau von der Straße muss erstmals die Hemmung überwinden, um sich dem Verkäufer zu nähern. Diese Farben erschweren eine spontane Kontaktaufnahme mit dem Berater; vielmehr vermitteln sie den Eindruck der Distanziertheit. Der Verkäufer scheint nicht gesprächsbereit und mit seinen eigenen Angelegenheiten beschäftigt.

Überall wo keine Kleidungsvorschriften in Form von Schutz- oder Arbeitsmänteln vorliegen, wäre es vorteilhaft, seine Arbeitnehmer in für sie stimmigen Farben arbeiten zu lassen. Nicht jedem steht jede Farbe zu Gesicht. Durch die Wahl der individuell harmonischen Farbgebung in Gesichtsnähe (dies ist durch eine einmalige Farb- und Typberatung problemlos zu ermitteln) wird das optische Erscheinungsbild positiv beeinflusst. Persönlichkeit und Selbstbewusstsein nehmen, neben fachlicher Kompetenz, einen hohen Stellenwert im Umgang mit Menschen ein.

Ist am Arbeitsplatz noch Platz für Farbe?

Eine Frage, die sich heute mehr denn je stellt.

Natürlich ist es wesentlich einfacher, die eigenen vier Wände farblich abgestimmt nach seinen Bedürfnissen einzurichten, als seinen Arbeitsplatz. Das gilt, sofern man noch nicht zu der privilegierten Gruppe der Heimarbeiter zählt.

Der Großteil der arbeitenden Bevölkerung befindet sich jedoch mindestens acht Stunden, also einen großen Teil eines Tages, bei der Arbeit. So verschmelzen Lebenswelt und Arbeitswelt immer mehr ineinander. Ist es da verwunderlich, wenn sich der Wunsch nach einem angenehmen Arbeits- und Raumklima auch am Arbeitsplatz einstellt?

Für den Arbeitgeber ist es, verständlicherweise, nicht zumutbar, individuell auf alle Wünsche seiner Mitarbeiter einzugehen. Man denke nur an Fabrikhallen oder Großraumbüros. Die Farbvorlieben und Farbabneigungen sind äußerst unterschiedlich und 20 verschiedene Menschen würden ihre Büroräume in 20 verschiedenen Farben gestalten, um sich darin auch wohlzufühlen.

In kleineren Bereichen sollte es hingegen möglich sein, seine individuellen Farbtupfer in den Arbeitsbereich einzubringen. Stellen sie Gegenstände in ihrer bevorzugten Farbgebung in ihr Blickfeld.

Farbe hat als Energieform auch die Macht, den Menschen physiologisch und emotional zu beeinflussen. Sie kann ausgleichend wirken, entspannend oder motivierend (Welche Farbe, welchen Gemütszustand auslöst, lässt sich individuell mittels Farbanalyse leicht ermitteln.). Man fühlt sich in einer für sich stimmigen Umgebung einfach wohler und dies wirkt sich auf die Arbeitseinstellung und auch auf die Arbeitsleistung aus.

Farbe kann dienen oder überwältigen. Zu starke Farbkontraste sind am Arbeitsplatz zu vermeiden, sie lenken nicht nur von der Tätigkeit ab, sondern ermüden rasch die Augen.

Reizarmut hingegen führt nachweislich zu einer Erlahmung der menschlichen Aktivität.

Aus deutschen Arbeitsmarktstudien ging hervor, dass durch sensible Farbgestaltung am Arbeitsplatz die Krankenstände in einzelnen Unternehmen drastisch zurückgingen. Nicht nur ergometrisch korrekte Raumgestaltung bewirkte eine Entspannung der Angestellten und dies in mehrfacher Hinsicht: Verspannungen im Rücken-Nackenbereich und Migräne-Attacken nahmen rapide ab.

Jeder Arbeitgeber weiß, wie teuer der Krankenstand eines Mitarbeiters sein kann. Wäre es da nicht kostendeckender, sich um die Gestaltung seiner Räumlichkeiten mehr Gedanken zu machen?

Die Farbgestaltung eines Unternehmens sollte nicht beim Design des Firmenemblems aufhören, schließlich gibt die Farbigkeit der Arbeitsräume auch Auskunft über deren Firmenphilosophie.

Farbenblind

Farbenblind - dieses Wort taucht im volkstümlichen Sprachschatz häufig, doch in den meisten Fällen fälschlich gebraucht, auf. Auf echte Farbenblindheit trifft man äußerst selten. Menschen mit dieser Sehstörung unterscheiden nur Varianten zwischen Schwarz und Weiß. Vergleichbar mit einer Schwarzweißfotografie erleben sie ihre Umwelt ausschließlich in Graustufen.

Der normale menschliche Farbsinn erlaubt eine Unterscheidung von über 100 Farben. Wir setzen sämtliche Farbtöne aus den Komponenten Rot, Grün und Blau zusammen.

Die weitaus häufigste Störung des Farbensinns ist das Zweifarbensehen. Hierbei sieht der Betroffene Varianten zweier bunter Farben sowie von Schwarz und Weiß mit Grauvarianten. Man unterscheidet Rot-Grün- oder Blaublindheit.

Der Ausdruck „Blindheit" ist hierbei unglücklich gewählt. Farbige Gegenstände werden von diesen Menschen sehr wohl wahrgenommen, jedoch in anderen Farben als von „Farbtüchtigen" (Fachausdruck). Diese Störungen können sowohl angeborene als auch erworbene Ursachen haben.

Angeborene Farbuntüchtigkeit, sie betrifft ungefähr 8% der Männer und weniger als 0.5% der Frauen, ist nicht zu heilen. Erworbene Farbsinnstörungen sind hingegen Krankheitsprozesse oder deren Folgen und können sich verschlechtern oder sich bessern.

Chronische Vergiftungen oder die Einnahme diverser Arzneimittel über einen langen Zeitraum sind an der Störung der Farbwahrnehmung erkennbar. Auch chronische Lebererkrankungen können gestörte Farbempfindungen hervorrufen.

Die Hautfarbe

Stellt unsere Hautfarbe im täglichen Leben eine Trivialität dar, so ist diese Verfärbung der Hautzellen, in der künstlerischen Interpretation, eine der größten Herausforderungen. Denn Buntstifte, welche die Bezeichnung „Fleischfarbe" tragen, sind im Grunde nur ein kläglicher Versuch der natürlichen Farbgebung nahe zu kommen. Die Mischung aus Rosa und Apricot befriedigt in Wirklichkeit nur in Kinderzeichnungen und ist mit der Wahrheit nicht einmal annähernd gleichzusetzen.

Wie sieht nun die Körperoberfläche eines weißen Mitmenschen aus? Weiß auf keinen Fall! Nur der Vergleich zu der rot-dominierenden Variante der Indianer, der gelb-dominierenden Variante der Asiaten oder der braun-dominierenden Variante der Schwarzen lassen diese Namensgebung zu.

Die Hautfarbe ist als Cocktail von Farbpigmenten zu verstehen. Im Wesentlichen machen 3 Faktoren unser Hauterscheinungsbild aus: Melanin ist für die braune Tönung, Hämoglobin für die rote und Carotin für die gelbliche Tönung verantwortlich.

Seit Menschengedenken besteht der Wunsch, sich seiner Nachwelt in Form von Abbildungen seiner selbst zu erhalten. Da in grauer Vorzeit die Textilindustrie noch in den Kinderschuhen steckte und somit der Großteil des Körpers unserer Vorfahren unbekleidet war, stellte sich recht bald das Problem der farblichen Darstellung.

Höhlenmalereien zeigen in den Abbildungen eine Unterscheidung zwischen männlicher und weiblicher Haut auf. Gelblicher Ocker stand für die passive Weiblichkeit, mit rotem Ocker wurden die Körper der aktiven Jäger interpretiert. Große Künstler alter Zeiten, z.B. Velazquez, mischten die Fleischfarbe aus Weiß und Ocker, ein wenig Gelb, ein wenig Karmin und einer Spur Ultramarinblau! Hautfarbe ein triviales Wunder!

Die Fassadenfarbe

Wer schon einmal ein Haus gebaut hat, kann ein Lied davon singen: Auflagen, Auflagen, nichts als Auflagen. Man schreibt die Form des Daches, die Lage des Hauses und auch seine Fassadenfarbe vor. Natürlich hat die Stadtplanung einen triftigen Grund dafür: man möchte das Stadtbild nicht stören, sei es durch eigenwillige Form- oder Farbgebung. Wo bleibt jedoch hier Platz für Individualität? Die Gefahr, monotone Wohnqualitäten zu schaffen, ist groß.

Gebäude können durch gezielte Farbgebung eine emotionale Aufwertung erfahren. Riesige Baukomplexe werden durch Farbe gegliedert. Betonmonster können „nahbarer" gemacht werden. Die Häuser einer Siedlung erhalten einen individuellen Touch. Durch Farbe lassen sich Bauelemente wie Balkone, Fenster oder Eingänge hervorheben.

Welche Farbe ist nun die passende? Es gibt keine Rezepte! Eine durchdachte Farbplanung verhilft dem Bau zu einer Symbiose mit Bewohnern und Umwelt. Farbe ist ein ideales, kostengünstiges Medium, dem Gebäude eine besondere Note zu verleihen. Farbtherapien für Wohnsiedlungen, die in die Jahre gekommen sind, werden immer beliebter. Funktionsbauten werden aufgewertet.

Doch aufgepasst! Farbigkeit lässt sich nicht beliebig anwenden. Die Farbgebung sollte sich an der Architektur selbst, an der Nutzung, der Lage, der Umgebung und dem Klima orientieren. Die farbige Gestaltung eines Strandhauses in der Toskana ist nicht immer 1:1 auf das Wochenendhaus in den Vorarlberger Bergen umzusetzen!

Kitsch oder Farbharmonie

Über Kunst und Kitsch lässt sich bekanntlich streiten, aber wer will das schon… Auch was Kitsch eigentlich ausmacht, ist schwer zu beantworten. Schrille, ungewöhnliche und ungewohnte Farbgebungen gehören jedoch zweifelsohne zu einer dieser Definitionen. Doch wie leicht lässt sich Kitsch in Kult verwandeln!

Der Mensch und sein Geschmack sind mehr als wankelmütig und einfach beeinflussbar. Konnte man sich lange Zeit eine Kombination aus Blau und Grün nicht einmal vorstellen, obwohl gerade sie, in wunderbarster Weise, in der Natur in Form des Vergissmeinnichts vorgelebt wird, so gehört diese Farbgebung mittlerweile zum gängigen Repertoire in Mode und Design. Haben wir so wenig aus der Beobachtung der Natur gelernt? Hier wird unvoreingenommen mit Farben experimentiert und keiner käme auf den absurden Gedanken, Naturphänomene als kitschig zu empfinden. Wir Menschen stellen Farbharmonien und Gesetze auf, um sie alsbald doch wieder über Bord zu werfen. Die Kombination Orange-Rot-Pink? Undenkbar? Die Mode schaffte auch dieses Wunder und macht uns jede noch so gewöhnungsbedürftige Farbmischung begehrenswert.

Zuerst wird der Kopf geschüttelt, am Geschmack gezweifelt, allmählich an der negativen Einstellung gezweifelt, als dann probiert, man will ja schließlich modisch sein und schlussendlich für gut empfunden. Ist doch schick und noch dazu voll im Trend!

Lassen Sie sich ruhig auf Farben ein, kombinieren Sie nach ihrem Geschmack, vielleicht sind gerade Sie der neueste Trendsetter!

In Farben wohnen

In den 60iger und 70iger Jahren war es nichts Ungewöhnliches, sich in bunten Räumen zu tummeln. Orange-gelbe Fliesen und dekorativ gemusterte Polstermöbel, in sämtlich erdenkbaren Farben, waren eben „in". In Zeiten des „Revival", findet man den „Pastell-Look" nicht nur im Geschirrdesign oder in der Kleidung wieder.

Nun stellt gerade diese Farbe, im Wohnbereich, einen Dorn im Auge vieler Architekten dar. Für die meisten von ihnen zählt an erster Stelle die Form und nicht die Farbe. Doch wie angenehm wohl man sich in farblich abgestimmten Räumen fühlen kann, ist unbestritten. Nur - es gilt, wie überall im Leben auch: allzu viel ist meistens ungesund! Viel Farbe verlangt schlichte Formgebung. Hat man es hingegen mit architektonisch üppigen Konstruktionen zu tun, sollte man sich in Bezug auf Farbe bescheiden im Hintergrund halten.

Durch sensible Farbgestaltung ist es möglich, die Sterilität von rein weißen Wänden etwas aufzulockern. Farben können Räumen eine ungeahnte Tiefe und Weite geben und, vice versa, unpersönliche, weite Hallen den Betrachtern heimeliger erscheinen lassen.

Von Natur aus ist der Mensch konzipiert einen trittfesten Boden unter sich und einen weiten, offenen, überschaubaren Himmel über sich zu haben. Auf den Wohnbereich umgelegt bedeutet dies im Normfall: die dunkleren Farben sind für die Fußböden, die hellen Farben für die Deckenbemalung vorzusehen.

Selbst eine feine Wärmeregulierung der Räumlichkeiten ist durch die passende Farbwahl durchzuführen. Stark sonnenbestrahlte Wohnobjekte in kühlen Farbtönen (blau-grün), schwer beheizbare Räume in warmen Farben (gelb-orange-rot), lassen das, durch Farbe ausgelöste, menschliche Temperaturempfinden regulativ einschreiten. Geschmäcker und Farbvorlieben sind bekanntlich verschieden. Umgeben Sie sich mit Farben, die Ihnen emotional zusagen. Es sind ja Ihre vier Wände, die Ihnen Entspannung, Ruhe und Geborgenheit nach einem langen Arbeitstag vermitteln sollen.

Lass Farbe an dich ran!

Kleiderfarben

„Zeig mir, was du trägst und ich weiß, mit wem ich es zu tun habe!"

Mit Rot und Schwarz werden die mächtigsten Vertreter der Farbpalette aufgeboten. Die Symbolfarben der Macht, Kompetenz und Unangefochtenheit! Wer Rot trägt, darf jedoch nicht zimperlich sein und muss auch „einstecken" können. Rote Kleidung stellt eine Herausforderung dar und man erwartet ein starkes, selbstbewusstes Auftreten vom Träger. Schwarz hält auf Distanz. Nicht von ungefähr ist diese Farbe in Künstlerkreisen und bei der Jugend so stark favorisiert. „Schwarz macht schlank!" Der Slogan einer weiteren Bevölkerungsgruppe bricht ebenfalls die Lanze für Schwarz. Wohlgemerkt, es gibt vernünftigere Methoden als seine überschüssigen Kilos nur hinter dunklen Farbtönen zu verstecken. Aber Farbe, gezielt eingesetzt, kann Körperregionen hervorheben und auch im umgekehrten Sinne kaschieren.

Jahreszeitlich angepasst lachen uns jede Herbstsaison diverse Brauntöne aus den Auslagen entgegen. Satte rot- bis goldbraune Töne strahlen Wärme und Erdverbundenheit aus. Bei der hellen Braunvariante, Beige, verhält es sich jedoch different. Beige zählt mit Schwarz, Weiß und Grau zu den unbunten Farben. Diese besitzen einen hohen Beliebtheitsgrad in der Businessbekleidung. Beige oder graue Anzüge, bzw. Kostüme strahlen zurückhaltende Kompetenz und Sachlichkeit aus, ohne auffallen zu wollen. Man lässt sich nicht gerne in die Karten sehen und zeigt neben seinem „Pokerface" auch keine Farbe.

Mode bedeutet für mich Lebensgefühl und Spaß. Kleidung kann auf uns und andere sehr unterschiedlich wirken. Zum einen schützt, wärmt oder kühlt sie. Doch damit nicht genug: „Kleider ziehen an, stoßen ab, schmücken, verzaubern, bezaubern, verführen, verwandeln, bestätigen, verwirren und verbergen." Welche Farben dem Einzelnen optimal zu Gesichte stehen, lässt sich sehr einfach mit Hilfe einer einmaligen Farbberatung ermitteln. Damit sind auch kostspielige Fehlkäufe vermeidbar.

Lass Farbe an dich ran!

Kommunikationsmittel Farbe

Farbe spricht zu uns – wir müssen lernen, ihr zuzuhören. Farben stellen eine Möglichkeit der nonverbalen Kommunikation dar. Ohne Worte sagen sie viel aus. Es ist nicht einerlei, in welchem Farbton wir unserem Mitmenschen gegenübertreten.

Seit jeher haben wir zu den Farben gewisse Assoziationen. Obwohl die Namen der Farben selbst Adjektive darstellen, setzen wir ihnen zuweilen noch zusätzliche Eigenschaftswörter voran: giftiges Grün, saures Gelb oder süßes Rosa.

Erscheinen sie in Pink oder Weiß bei einer Beerdigung, stellt dies in unseren Breiten einen groben „Fauxpas" dar. Im asiatischen Raum wäre bei einem Trauerfall eine weiße Bekleidung jedoch angemessen.

Die Chancen in einer roten Robe eine Gehaltserhöhung zu erhalten, sind sehr gering. Stehen Sie als Vortragender in Rosa vor einem Auditorium, erhalten Ihre Worte nur mit größtmöglichster Anstrengung die Gewichtigkeit, die Sie auch anstreben. Das schwarze Outfit der jüngeren Generation bittet einfach danach in Ruhe gelassen und ernst genommen zu werden. Zu jeder Gelegenheit die passende Farbwahl. Farben sagen manchmal mehr als tausend Worte.

Raumfarben sind für die Anmutung von Räumlichkeiten von entscheidender Bedeutung. Unterschiedlichste Stimmungen lassen sich durch geeignete Farbgebung erzeugen. Je nach Einsatz verströmen sie Gemütlichkeit, Noblesse, Spiritualität oder Offenheit.

Die Farbe im Krankenhaus

Weiße Wände sind in Krankenzimmern weit verbreitet. Die Farbe drückt den Hygiene- und auch den Sterilitäts-Gedanken perfekt aus. Weitere Aussagen von Weiß sind jedoch Kälte, Unnahbarkeit und Aufgabe.

Alle diese Aspekte sind für den Genesungsprozess des Patienten nicht förderlich. Man beschäftigt sich vermehrt mit der eigenen Person und seinen Krankheitssymptomen. Damit sind eine erhöhte Schmerzempfindlichkeit und eine Verlangsamung des Heilungsprozesses verbunden. Wird die Aufmerksamkeit des bettlägerigen Patienten vom eigenen Körper abgezogen und auf die Außenwelt gelenkt, kommt es zu einer wünschenswerten Ablenkung von den Beschwerden. Eine farbenfrohe Umgebung wirkt sowohl auf Patienten positiv wie auch auf das Krankenhauspersonal.

Seit Jahren kennt man die wissenschaftlich belegten Studien über die Farbwirkung auf Psyche und Physis. Farbe, als elektromagnetische Schwingung, hat die Möglichkeit unseren Körper zu durchdringen und jede unserer Zellen zu erreichen. Gerade der Farbwahl in Krankenzimmern sollte daher eine besondere Aufmerksamkeit zuteil werden, hat diese auch direkte therapeutische Auswirkungen auf den Patienten (Unter therapeutischer Wirkung verstehe ich in erster Linie die positive Beeinflussung des Wohlbefindens und keinerlei Heilmethoden!).

Farben sollten in Kliniken nicht nur als Orientierungshilfen eingesetzt werden.

Fernöstliche Farbensicht

In Asien pflegt man auf eine besondere Art und Weise „blau zu machen". Man entspannt sich bei Meditation. Vor sein geistiges Auge ruft man Farben. Die Konzentration auf eben diese Farben soll direkt auf die Chi-Zonen des Körpers wirken. Farben sind nach chinesischer Vorstellung sichtbare Lebensenergie.

Auch in der asiatischen Medizin werden sie gezielt eingesetzt, um den Energiefluss zu regulieren. Das Prinzip der Konzentration auf Farben wurde schon vor mehr als 3.000 Jahren im ältesten medizinischen Lehrbuch, dem „Huang Di Nei Jing", beschrieben. Nach dieser Lehre entstehen Krankheiten erst, wenn der Energiefluss blockiert oder gestört ist.

Auch in Buddhas Werken sind zahlreiche Beispiele aufgezählt, wie man Farben in sich spüren sollte, um zu vollständiger Entspannung zu gelangen. Der Sinn des „Loslassens" ist es, innerlich zur Ruhe zu kommen und daraus wieder neue Kraft schöpfen zu können.

Man benötigt dazu keine künstlich gefertigten Farbräume, um diese Wirkung zu erzielen. Die Farben der Natur stehen uns zu Therapiezwecken jederzeit und noch dazu kostenlos zur Verfügung.

Ein altes chinesisches Sprichwort lautet: „Der richtige Farbton lässt den Körper aufblühen."

Die Farbe des Kranzes

Sobald der erste Adventsonntag naht, findet sich in fast jedem Haushalt der populäre Adventkranz. Farblich zur Einrichtung oder nach Lust und Laune abgestimmt, sorgt er seit vielen Jahren bereits für Vorweihnachtsfreude.

Der erste Kranz, aus Holz, wurde 1933 von dem Theologen Johann Wichern aus Hamburg in einem Erziehungsheim aufgehängt. Die 4 großen weißen und die 19 kleineren roten Kerzen sollten den Waisenkindern Freude bereiten. Der grüne Tannen- oder Fichtenkranz kam erst um die Jahrhundertwende auf. Er hat seinen Siegeszug angetreten und ist heute nicht mehr wegzudenken.

Grün, die Farbe der Hoffnung: Zeichen für das Leben im Allgemeinen. Die Kreisform des Kranzes symbolisiert die Ewigkeit und die vier Kerzen stehen mit ihrem Licht für die Abwehr des Bösen. Durch das Strahlen wird die Dunkelheit vertrieben.

Nach Österreich kam der Brauch erst nach 1940. Ursprünglich war der Kranz in unseren Breiten mit drei violetten und einer rosa Kerze geschmückt. Violett ist die liturgische Farbe der Buße und der Reue. Die rosa Kerze wurde am dritten Adventsonntag angezündet. Rosa als Ausdruck der Freude auf die nahe Geburt Jesu. Man nennt diesen Sonntag auch heute noch „Gaudete", was soviel bedeutet wie „Freuet Euch".

Die Farbe der Lippen

Lippenstifte gehören zu den ältesten und auch beliebtesten Schminkutensilien aller Zeiten. Pünktlich zu den diversen Frühlings-, Sommer-, Herbst- und Winterkollektionen in der Bekleidung erscheinen auch stets die dazu passenden Lippenstiftfarben in den Fachgeschäften.

Doch nicht jede Farbe ist für jeden Mund geeignet! Die Farbwahl sollte sich möglichst nach der Lippenform und dem Farbtyp der jeweiligen Trägerin orientieren und nicht nach der, von der Werbung bevorzugten, Farbgebung diverser Kultmarken.

So verlangt ein schmaler Mund helle, glänzende Farben. Schmale Lippenformen würden mit zu dunklen Farbnuancen nämlich noch strenger wirken. Volle Lippen hingegen werden durch satte, dunkle Farben hinreißend zur Geltung gebracht.

Farben, die sich in Gesichtsnähe befinden, beeinflussen sehr stark das optische Erscheinungsbild. Gerade aus diesem Grund sollte man bei der Wahl seiner Oberbekleidung ein besonderes Augenmerk auf die Farbtöne legen. Der Mund, bekanntlich im Zentrum des Gesichtes lokalisiert, bietet durch gekonnte, wohlüberlegte Farbgebung eine weitere Möglichkeit, sein Aussehen positiv zu unterstreichen.

Der Lippenstift für Damen, die dem kühlen Farbtypus des Sommers bzw. des Winters entsprechen, befindet sich im optimalen Fall im rosa bis violetten Bereich der Farbpalette. Für warme Typen (Frühling, bzw. Herbst) empfehlen sich orange bis braune Farbtöne.

Der Mensch, als kommunikatives Wesen, ist von der Sprache und der Gesichtsmimik abhängig. Man haftet an den Lippen von jemandem, um Informationen zu erhalten. Der Mund verrät viel über die Person.

Farbe in der Lyrik

Poeten sind Maler und Maler Dichter. „Wörter werden zu Farben und Gedichte zu Gemälden".

Farben wurden seit jeher in Verse eingebunden, um Gefühle und Stimmungen besser beschreiben zu können. Im 19.Jahrhundert zeichnete die Poesie die Welt mit ihren wahren, realen Farben. Die Lippen der Liebsten waren rot wie das Blut, die Augen blau wie der Himmel und die Wälder grün.

Doch die Farbverwendung in der Lyrik sprach auch den Symbolwert der Farben in unserem Kulturkreis an. Die Romantiker ließen mit Hilfe von Farben, Tönen und Duftbeschreibungen sinnliche Bilder vor den Augen der Leser entstehen. Die Expressionisten schockten mit ungewohnten Farb-Wort-Kombinationen. „Weißes Blut" und „die Schwärze der Unschuld" sollten den lesenden Menschen aus seiner eingefahrenen, traditionellen Bewertung der Farben wachrütteln. Die Bilder und Texte wurden surreal und fremdartig.

Auch in der modernen Literatur treffen wir gehäuft Farben an, die als Adjektiv, Substantiv oder als Verb verwendet, den Text in eine farbliche Grundstimmung tauchen.

Die beliebteste Farbe der Poeten scheint mit großem Vorsprung Blau zu sein. Rosa, Lila, Orange und Ocker hingegen finden sich nur in den seltensten Fällen in der Lyrik wieder.

Farben erzeugen Stimmungen, im wirklichen Leben und zwischen gedruckten Zeilen. „Wörter werden zu Farben und Gedichte zu Gemälden!"

Make-up – die moderne Kriegsbemalung?

Vor allem Frauen unterwerfen sich gerne Modediktaten, sei es in Belangen der Kleidung als auch des Make-ups. Doch nicht jedem schmeichelt der fransige Cowboy-Stil, und genauso wenig unterstreicht ein geschminktes Katzenauge oder ein metallisch glänzend aufgetragener Lippenstift die Schönheit **jeder** Frau.

Bei vielen Damen ist die „künstliche Farbe" im Gesicht verpönt. Natur pur, so, wie Gott uns erschuf? Wir verwenden doch auch BH`s und Stützstrümpfe, um unsere Figur zu optimieren! Warum also keine Farbe, um die Gesichtszüge optimal zur Geltung zu bringen? Die Devise des Make-ups sollte lauten: unterstreichen und nicht übermalen.

Seit Menschengedenken wurde Farbe verwendet, um sich Gesicht und Körper zu bemalen. Body Painting und Make-up sind keine dekadenten Auswüchse unserer Zeit.

Der Unterschied zwischen „damals und heute" besteht hauptsächlich in der Tatsache, dass sich bei unseren Vorfahren die Männer schminkten. Indianer, Germanen und Armeeangehörige taten dies nicht der Schönheit wegen. Mit Farbe im Gesicht und am Körper wurde dem Gegner Angst und sich selbst Mut gemacht, wenn man in den Kampf zog.

Die Frauen von Ägypten und Rom wiederum zogen sich Augen und Lippen in schwarzer, grüner und burgundroter Farbe nach, um die „männlichen Gegner" zu verwirren und sich selbst Mut zu machen.

Es hat sich somit nicht viel seit damals geändert. Der Make-up-Stil und die verwendeten Farben sollten dem Gesichts- und dem Farbtyp der einzelnen Frau entsprechen. Sind diese Auflagen erfüllt, steht einer farblichen Bereicherung des Antlitzes nichts mehr im Wege.

Warum ist die Tomate rot?

Wir können mit Sicherheit alle einige Rottöne spontan bei ihrem Namen nennen etwa Kirschrot, Tomatenrot, Blutrot, Zinnoberrot oder Weinrot. Wussten Sie, dass über 100 verschiedene Benennungen für diverse Rottöne namentlich existieren? Doch ob zwei Menschen beim Anblick einer Tomate tatsächlich ein und dasselbe Rot auch vor Augen haben, ist noch weitgehend ungeklärt. Farbsehen ist eine überaus komplexe Tätigkeit und stellt ein breites Betätigungsfeld für die Forschung dar.

Wann erscheint uns ein Gegenstand also rot? Farben stellen eine Art Strahlung dar und unterscheiden sich in ihrer Wellenlänge voneinander. Um Farbe zu erkennen, ist Licht erforderlich! Ob es sich um eine natürliche Lichtquelle, wie die Sonne, handelt oder um eine künstliche, wie Glühlampe oder Leuchtstoffröhre, ist nicht maßgebend.

Die Strahlung des weißen Lichtes (Summe aller Farben) trifft auf einen Gegenstand. Dieser hat in weiterer Folge zwei Möglichkeiten darauf zu reagieren. Entweder „schluckt" (absorbiert) er die Strahlung oder er lässt sie „zurückstrahlen" (reflektieren).

Wird die Strahlung vollständig absorbiert, erscheint uns der Gegenstand als schwarz; wird die gesamte Strahlung reflektiert, spricht man von einem weißen Gegenstand. Die Tomate behält den Großteil der Strahlung und lässt nur einen gewissen Anteil zurückstrahlen, nämlich eine Wellenlänge, die der Farbe Rot entspricht. Das menschliche Auge empfindet Strahlung im Wellenlängenbereich von ca. 400 nm (blau) bis 800 nm (rot) als Farbe.

Im übertragenen Sinne wäre Schwarz die unmäßigste aller Farben, da es die gesamte Strahlung für sich behält und Weiß, die freigiebigste aller Farben, da es die ganze Strahlung wieder zurückgibt.

Mangel an Farben

Manche können gar nicht genug Weiß vor Augen sehen. Schnee, in dicken Flocken, breitet sich auf der Landschaft aus und überzieht sie mit einer lärmdämmenden, weißen Schicht. Die Farbwelt gibt sich geschlagen und geht für eine befristete Zeit unter. Die Natur braucht diesen Zwangsurlaub, um sich nach einem Dornröschenschlaf, wie ein Phönix aus der Asche, nach dem letzten Schneeschmelz wieder farbenprächtig zu präsentieren.

Vielen Menschen behagt dieser Mangel an Licht und Farben allerdings nicht.. Sie reagieren depressiv. Die Winterdepression schlägt erbarmungslos zu.

Wir sind verwöhnt und gewöhnt, rund um die Uhr mit Farben umgeben zu sein. Wir schätzen und benötigen diese Tatsache auch. Farben, von Natur aus als elektromagnetische Schwingungen aufzufassen, nehmen Einfluss auf unseren Geist, unseren Körper und unsere Seele. Sie können unseren Gemütszustand nachhaltig positiv wie auch negativ beeinflussen.

Gerade in Monaten, in denen die Natur mit ihrem farblichen Sortiment geizt, ist es von Nöten, sich ihrer Wichtigkeit zu besinnen. Bewohner moderner Baustrukturen sollten vermehrt nach Alternativen suchen, um Farbe in ihr Heim zu bringen. Farbliche Akzente, die durch die Wahl der Wandfarben, Vorhänge oder Accessoires gesetzt werden, sind in geradliniger Architektur kaum mehr zu finden. Hier dominieren Metall und Glas, sowie schwarze und weiße Töne. Der Blick durch die riesigen Fensterfronten lässt zwar in den vegetativ üppigen Monaten noch Farbreize zu, doch in den Wintermonaten herrscht auch im Außenbereich die „Unbuntheit" vor.

Völliger Entzug von Farbigkeit führt in Experimenten zu Verwirrungszuständen und Unorientiertheit. Zeit, Farbe in sein Leben zu bringen; sei es auf dem Speiseteller oder in Form von Blumen. Gerade die winterliche Antriebslosigkeit lässt sich durch die Energiefarben Orange und Gelb im Zaume halten. Die Natur schickt uns die Zitrusfrüchte, Zitronen und Orangen nicht umsonst zu dieser Jahreszeit.

Lass Farbe an dich ran!

Farben kann man nicht nur sehen

Farben sind in erster Linie bunt und erfreuen das Auge. Diese Aussage beinhaltet keine bahnbrechende Neuigkeit! Viele von uns haben schon vor einem guten Gemälde andächtig verweilt oder haben sich die Farbenpracht diverser Landschaften bewusst zu Gemüte geführt. Gerade nach Monaten winterlicher Farblosigkeit, ist man von den ersten maigrünen Halmen oder den zartrosa bis apricot färbigen Knospen angetan. Das Auge saugt die Farbigkeit förmlich auf. Der Mensch braucht die Farben jedoch nicht nur zum Erfreuen. Farben können mehr als nur bunt sein. Farben haben Einfluss auf unseren Geist und unsere Seele.

Wir können Farben auch fühlen! Farben werden nur zu 20% über die Augen wahrgenommen, 80% werden über die Haut aufgenommen. Versuche mit blinden Personen, die sehr wohl in der Lage sind, reine Spektralfarben zu unterscheiden, bringen den wissenschaftlichen Beweis hierfür. Vielleicht ist dies nun doch eine Neuigkeit für Sie!

Farben stellen, in Form von Strahlung, eine Art von Energieform dar. Diverse Farbnuancen unterscheiden sich durch ihre Energie und ihre Wellenlängen. Die Farbstrahlung dringt, ähnlich den Röntgenstrahlen, in jede unserer Zellen vor. So wie Radiowellen, sprich Musiknoten, unseren Gemütszustand beeinflussen, so können auch Farben auf unseren Körper und unseren Geist einwirken. Farben sind nach Max Lüscher: „visualisierte Gefühle".

Jeder Mensch hat seine individuellen Farbvorlieben und auch Farbabneigungen, und jede Farbe wiederum wirkt bewusst, jedoch auch unbewusst, different auf seinen Betrachter. Durch Kenntnis der eigenen Motivations-, Entspannungs-, Balance- bzw. Schwächefarbe kann man sich diese Eigenschaften zu Nutze machen und Farben auch als kleine Therapeuten im Alltag einsetzen. Mit Hilfe eines Farbtestes (nach Prof. Nils Finsen) kann man rasch und effizient die individuell positiven und destruktiven Farben ermitteln.

Olympische Farben

Alle vier Jahre wieder - und doch jedes Mal ein einzigartiges Ereignis: die Olympischen Spiele! Die besten Sportler der Welt friedlich in fairen Wettkämpfen vereint. Ein heroischer Gedanke… „Dabei sein ist Alles"… Jedes Land hat die Möglichkeit, seine Vertreter in den unblutigen Kampf zu schicken.

Für Sportbegeisterte sind die Zeiten der Spiele harte Zeiten! Stundenlang vor dem Fernseher zu verbringen und mit den Athleten mit zu fiebern ist schließlich auch keine leichte Sache. So mancher Fan wird tagelang mit Ringen unter den Augen herumlaufen.

Apropos Ringe: Das Symbol der Olympischen Ringe wurde von Pierre de Coubertin im Jahre 1913 entworfen und in Form der Olympischen Flagge bei den Spielen 1920 in Antwerpen erstmals offiziell präsentiert.

Das Symbol besteht aus fünf ineinander verschlungenen Ringen in den Farben Blau, Gelb, Schwarz, Grün und Rot. Nicht zu vergessen: die sechste verwendete Farbe, nämlich Weiß, die für den Hintergrund verantwortlich ist.

Die Ringe stehen symbolisch für die fünf Kontinente, die in der Olympischen Bewegung vereint sind. Die Farben präsentieren nicht die Erdteile.

Laut Coubertin entsprechen die sechs Farben der Ringe und des Hintergrundes sämtlichen Nationalflaggen der heutigen Welt. Die Farbwahl wurde ganz bewusst gesetzt; zumindest eine Farbe der Nationalfahne jeder teilnehmenden Nation soll und kann sich in einer Farbe der olympischen Flagge wiederfinden.

„Dabei sein ist Alles!"

Modefarbe „Senior"

Lange Zeit wurde der Mensch, der nicht mehr aktiv am Berufsleben teilnahm, zum alten Eisen gezählt. Die Devise lautete: Um keinen Preis auffallen. Dies schlug sich auch in der Farbgebung der erhältlichen „Seniorenkleidung" vehement nieder. Schwarze, graue und beige Töne waren gang und gäbe. Unbunte Tarnfarben also! Muss man sich verstecken, wenn man einige Sommer erlebt hat?

Gott sei Dank hat sich das Bild des „älteren Menschen" gewandelt. Das neue Motto lautet: sichtbar aktivere Senioren leben unter uns! Farbe ist Licht, ist Leben. Farbe bedeutet Vitalität, Energie und Lebensfreude.

Diese Faktoren sollten auch im modischen Gedanken vorherrschen. Farbtöne, die man in der Jugend gerne getragen hat, sollten im Alter nicht ad acta gelegt werden. Denn laut Farb-u. Typberatung stehen jedem einzelnen Farbtyp mit 20 Jahren wie auch noch mit 70 Jahren dieselben Farbtöne zu Gesicht. Ein Frühlings-, Sommer-, Herbst- oder Wintertyp verändert sich sein Leben lang nicht.

Was sich verändert, sind die Farbvorlieben: Auch wird man vielleicht mit den Jahren von allzu „knalligen" Farbvarianten Abstand nehmen und sich in gedämpften Farbnuancen wohler fühlen. Möglicherweise hat man auch Angst als „schrullig" zu gelten, wenn man tiefer aus dem Farbtopf lebt. Man denkt an die schrill geschminkten amerikanischen Ladys in hautengen Bermudashorts.

Doch es gibt einen breiten Spielraum zwischen den Extremen „Graue Maus" und „Bunter Papagei". Dezent gesetzte, typgerechte Farbgebung unterstreicht die Persönlichkeit und lässt den Teint und die Augen jugendlich frech erstrahlen!

Warum ist das Meer so blau?

Sommerzeit-Reisezeit; der Berg ruft, aber das Meer lockt! Das Element Wasser nimmt die Menschheit seit Urzeiten gefangen. Das Plätschern und Rauschen haben meditative Nebenwirkungen und dann noch diese Farbe! Tiefes Blau bis zum Horizont. Kühle, Weite und Unendlichkeit…

Schon bei Konfuzius ist zu lesen: "Die Tugendhaften zieht es in die Berge, während die Weisen zum Meer neigen." Die Bewegung und die Farbe des Meeres stimulieren und beruhigen den Geist und vertiefen das Denken. „Der Blick auf ein grünes Meer erhebt unseren Geist, der auf ein blaues Meer harmonisiert unsere Stimmung und macht glücklich." (chinesische Weisheit)

Wie kommt es jedoch, dass das „Tiefblau" in den Händen zu einer farblosen Flüssigkeit mutiert? Warum erscheint uns das Meer von Ferne so blau? Das Wasser muss mindestens eine Tiefe von drei Meter aufweisen, um einen Blauton hervorzubringen. Trifft Sonnenlicht auf das Wasser, werden die einzelnen Spektralfarben rasch absorbiert (verschluckt). Rot am schnellsten und Blau am langsamsten.

Der hohe Kupfergehalt des Wassers ist der Grund, warum das Meer gewöhnlich blaugrün wahrgenommen wird. Der Eindruck eines grünen Tones entsteht durch die Kombination der Farbe Blau mit den gelben Substanzen im Ozean, wie den Schwebstoffen, der Huminsäure und den lebenden Organismen. An Küstenstreifen wird des Öfteren auch rotes Wasser gesichtet. Erzeugt wird diese Färbung durch ein reiches Vorkommen von Algen und Plankton nahe der Wasseroberfläche.

Ab einer Meerestiefe von hundert Metern versinkt die Welt in nächtlichem Dunkel. Kein Sonnenstrahl ist mehr in der Lage, diese Wasserschicht zu durchdringen, daher kann ab dieser Tiefe keine grüne Pflanze existieren.

Bleiben wir an der Oberfläche: Weite, Ferne und Unendlichkeit… Genießen Sie Ihren Aufenthalt am Meer!

Lass Farbe an dich ran!

Farbe als Orientierungshilfe

Farbe als dekoratives Salz in der Lebenssuppe zu bezeichnen, erscheint nur bedingt zutreffend. Wohl ist es schwer, ohne Salz zu leben, unangenehm, jedoch möglich. Auch ohne farbliche Umwelt würde der Mensch leben können, jedoch mit weitreichenden physischen und psychischen Schäden.

In einer Versuchsreihe wurden Personen in einen monotonen (mit wenig Kontrast), farblosen Raum eingeschlosssen. Bereits nach drei Stunden begannen die Versuchspersonen zu halluzinieren. Farblos servierte Speisen bescherten den Probanden Magenkatarrhe. Winterdepressionen, entstanden durch den Mangel an Farbe und Licht während der kalten Monate, werden mittels Farbbestrahlung gelindert.

Farben sind die natürlichste Sache der Welt und Bestandteile unserer Umgebung, der natürlichen, wie auch der von uns Menschen selbst gestalteten. Seit Urzeiten bieten uns Farben eine Orientierungshilfe. Reife von unreifen Nahrungsmitteln zu unterscheiden, ist zum größten Teil auch eine Frage der Farbe. Giftige Pflanzen oder Tiere machen nicht selten schon durch ihre auffällige Farbgebung auf sich aufmerksam.

Die gelb-schwarze Signalfarbe der Wespen und Bienen wurde auf Grund der guten Fernwirkung von uns Menschen zur Charakterisierung von Giftstoffen oder radioaktivem Material herangezogen. Bei Rot wittert man Gefahr und Verbot – Straßenschilder ziehen in dieser Farbe unsere Aufmerksamkeit auf sich. Wohnblöcke, deren architektonischer Bau keine Unterscheidung zulässt, werden mit farblich differenten Fassaden versehen, um eine Orientierungshilfe zu leisten. Schon die Heftumschläge unserer Volksschüler werden in unterschiedlichen Farben gewählt, um ihnen die Suche nach dem „Rechenheft" zu erleichtern.

Farben erfüllen nicht nur rein dekorative Effekte, sie haben auch unterschiedliche Funktionen. Sie dienen der Information und beeinflussen die Aussage und Wirkung von diversen Gegenständen und Räumen.

Die Buntheit der Ostereier

Immer wenn Ostern naht, naht auch die Hochsaison der hartgekochten, bunten Eier. Die Zeit, Eier zu färben, sie zu verstecken, zu verschenken, zu suchen und zu essen. Das Ei als Zeichen der Fruchtbarkeit, der Erneuerung und auch der Auferstehung.

In früheren Zeiten wurden Eier der Frühlingsgöttin Ostara geopfert. Seit dem 12.Jahrhundert besteht der Brauch, gefärbte Ostereier mit anderen Lebensmitteln weihen zu lassen. Der anschließende Verzehr sollte der Gesundheit dienen. Warum aber gerade hartgekochte Eier?

Wie so oft entstand aus der Not eine Tugend. Während der 40-tägigen Fastenzeit durften keine Eier gegessen werden. Um die Lebensmittel jedoch nicht schlecht werden zu lassen, wurden sie durch das Kochen haltbar gemacht. Damit sie von frischen, rohen Exemplaren unterschieden werden konnten, gab man Pflanzenteile zum Färben dem Kochwasser bei.

Heutzutage versteckt am Ostersonntag der Osterhase (auch ein Bote des Frühlings) die bunten Eier. Und jedes Jahr begeben sich Kinder und so mancher Erwachsene auf die Suche.

Doch was wäre der Glaube ohne einen Funken Aberglauben! Die Farbe des zuerst gefundenen Eies ist von großer Bedeutung und hat Symbolkraft. Früher brachte ein blaues Ei Pech, ein rotes hingegen versprach drei Tage Glück. Gelbe Eier hellten durch Sonne den Alltag auf, grüne Eier verströmten Glück und Zufriedenheit.

Wie dem auch sei, genießen Sie jede Farbe und jedes Ei!

Ein kleiner Tipp für Ihre Liebsten: Schenken Sie rote Eier mit endlosen Linien. Damit verschenken Sie Liebe, Kraft und Lebensfreude, gepaart mit ewigem Leben.

Frohe Ostern!

Schwarz-Protest oder Eleganz?

Die Ballsaison zeigt es uns überdeutlich; mehr als die Hälfte der Besucher „walzt" in Schwarz über das Parkett. Keine Party, kein Cocktail ohne schwarzes Cocktailkleid. Egal, welche Modefarbe gerade am Zenit des Modehimmels aufgegangen ist, Schwarz verschwindet niemals von den „Catwalks". Schwarz, die favorisierte Farbe der Modezaren, Künstler und Architekten.

Schwarz ist zeitlos, distanzierend, machtvoll und vor allem elegant! Schwarz macht schlank und ist zu allem gut kombinierbar. Wie wahr... Der Wehrmutstropfen dabei - Schwarz steht leider nicht jedem zu Gesicht.

Das klassische schwarze Kostüm bzw. der schwarze Anzug - ein „Muss" in der Business-Bekleidung. Höchstens ein abgeschwächtes Grau entspricht auch noch dem Dresscode der Politiker oder Manager. Auch in der Pubertät greift man vermehrt zu dieser Farbe. Weg mit dem kindlichen, fröhlichen, farbenfrohen Image. Man will Unabhängigkeit und Macht zur Selbstbestimmung. Und vor allem: Man will nicht für lieb und brav gehalten und in Ruhe gelassen werden.

Es gibt jedoch auch Menschen, und es sollen nicht wenige sein, die eine Abneigung dieser Farbe gegenüber hegen. Sie assoziieren damit vorwiegend negative Empfindungen wie: Ende, Leid, Tod, die klassische Trauerfarbe in unseren geographischen Breiten.

Das Böse, welche Gestalt es auch annehmen möge, ist schwarz gefärbt. Letztendlich steht Schwarz auch für die Dunkelheit. Wer Angst vor ihr verspürt, sollte daran denken, dass gerade in der Dunkelheit jedes neue Leben beginnt. Der Samen reift im Schwarz der Erde, der Embryo im Dunkeln des Mutterleibes und fühlt sich dort doch geborgen.

Schwarz ist Mystik, Schwarz ist geheimnisvoll! „Der Anfang und das Ende sind schwarz, was dazwischen liegt ist FARBE."

Farben im Speiseteller

„Man isst auch mit dem Auge!“, dieses Motto nehmen sich manche Gourmettempel wahrhaftig zu sehr zu Herzen. Sie lassen sich farblich meisterlich angerichtete Speisen auch meisterlich entlöhnen. Tatsache ist, dass farblich abgestimmte Gerichte den Speichelfluss stärker anregen als vollgepappte, lieblos angehäufte Teller. So lässt uns beispielsweise der Anblick bunter Salate das Wasser im Mund zusammenlaufen. Der Speichel enthält wiederum Verdauungssekrete und stimuliert Magen und Darm. Erstaunlicherweise stellt sich diese Reaktion beim Anblick von farblosem Essen nicht ein, auch wenn dieses denselben Geruch und den Inhalt an Nährstoffen hat.

Versuchspersonen wurde über einen Zeitraum hindurch nur weiße Kost vorgesetzt. Obwohl diese Ernährung ausgewogene Mengen an Proteinen, Kohlehydraten, Vitaminen und Fetten enthielt, erkrankten mehrere Personen nach kurzer Zeit an Magen-Darm-Katarrh. Dieser Versuch brachte den Beweis, dass ein völliger Entzug farbiger Nahrungsmittel gesundheitsschädlich zu sein scheint.

Farbunterscheidung und Geschmack sind, wie viele unserer Empfindungen, einem Lernprozess unterworfen. Farben und Geschmacksrichtungen werden, aus diversen Erfahrungen über Jahre hinweg, in unserem Gehirn abgespeichert. Sehen wir eine rote Erdbeere vor uns, stellt sich auch sogleich eine gewisse Geschmacksvorstellung ein. Wie sehr sind dann unsere Geschmacksknospen enttäuscht, wenn die Frucht nicht wie erwartet süß, sondern wässrig schmeckt.

Eine völlige Verwirrung können künstlich eingefärbte Lebensmittel stiften. Stellen wir uns ein Stück Marmorkuchen in den Farben violett und grün vor, wir würden nur stockend der Aufforderung nachkommen, das gute Stück auch zu probieren. Der Kuchen erscheint uns als nicht genießbar und giftig, obwohl wir es gewohnt sind, sowohl violette (Pflaumen) als auch grüne (diverse Gemüse und Salate) Nahrungsmittel zu uns zu nehmen. Jedoch ein Marmorkuchen hat schokoladebraun und vanillegelb zu sein, um uns zu schmecken.

Lass Farbe an dich ran!

Steht jedem jede Farbe?

Aus den Auslagen leuchten uns Kleidungsstücke in einer Farbvielfalt entgegen, wie schon lange nicht mehr. Man scharrt in den Startlöchern und wartet auf den Startschuss zum Ausverkauf. Die Schnäppchenjagd möge bald beginnen. Die Qual der Wahl lässt eine Frage aufkommen: „Sieht man in jeder Farbe gleich gut aus?"

Die Natur hat uns von Anbeginn mit einer eigenen Farbigkeit ausgestattet. Jeder Mensch ist durch seine Augenfarbe, seine Haarfarbe und seine Hautfarbe einzigartig. Gerade diese drei Faktoren lassen eine Zuordnung zu den, möglicherweise bekannten, Farbtypen zu. Auch hier nimmt man sich wieder die Natur zum Vorbild.

Den Jahreszeiten entsprechend, unterscheidet man grob den Frühlings-, den Sommer-, den Herbst- und den Wintertyp. Sehen Frühlings- und Herbsttypen in warmen Farben hinreißend aus, bestechen Sommer- und Wintertypen in kalten Farben. Warme Farben weisen einen hohen Gelbanteil, kalte Farben hingegen einen hohen Blauanteil auf.

Es ist also nicht einerlei, welche Farbe man in Gesichtsnähe trägt, um optimal zur Geltung zu kommen. Farben unterhalb der Gürtellinie getragen, tragen zur Gesamtausstrahlung nur wenig Bedeutendes bei.

Mit Hilfe einer Farbberatung ist es „jederfrau" und auch „jedermann" möglich, die unterschiedlichen Wirkungen der einzelnen Farben an sich selbst zu spüren und zu erleben. Für jeden Personentyp werden individuelle Farben ermittelt, die wiederum jede einzelne Persönlichkeit positiv unterstreichen und Mängel, sofern überhaupt vorhanden, kaschieren können.

Viele Menschen sind offen für optische Veränderungen. Farben beeinflussen nicht allein unser äußeres Erscheinungsbild, sondern sie wirken sich in weiterer Folge auch positiv auf unsere Gefühlswelt aus. Die richtige Farbwahl steigert somit sowohl das Selbstwertgefühl als auch das Wohlbefinden im allgemeinen.

Farbige Wände

Jeder, der schon einmal eine neue Wohnung bezogen hat, kennt das Bild der blütenweißen Wände. Die Vermieter wählen ganz bewusst diese Farbe. Strahlt doch Weiß Sauberkeit, Reinheit aber auch Weitläufigkeit aus. Kann es mit Weiß gestrichenen Wänden wirklich zu keinem Fehlgriff kommen?

Kälte und Unnahbarkeit sind weitere Aussagen der Farbe Weiß. Um eine gewisse Stimmung erzeugen zu können, bedarf es schon eines Hauches von Farbtönen. Das Wohnklima wird maßgebend von der vorherrschenden Farbigkeit des Raumes mitbestimmt.

Doch Vorsicht bei Pauschalratschlägen wie: „Blau bringt den Schlafräumen die Ruhe, warme Rottöne die kommunikative Stimmung für die Wohneinheit und blau-türkise Akzente ein frisches Flair in die Küche.“

Die Farbauswahl hängt von den Räumlichkeiten selbst, von den Lichtverhältnissen und zu guter Letzt natürlich auch von dem Typ Mensch ab, der sich darin aufhält. Menschen, die eine Abneigung zu der Farbe Blau hegen, werden mit Sicherheit keine beruhigende Stimmung bei deren Anblick empfinden.

Für Bewohner mit ausgeprägter Sammlerleidenschaft wäre es angebracht die Raumfarbe dezent zu halten, um die jeweilig ausgestellten Objekte (Bilder, Teppiche, Vasen etc.) perfekt in Szene setzen zu können. Eine schlichte Möblierung verträgt hingegen kräftigere Töne an den Wänden.

In Farbe getauchte Wände verbreiten Stimmung: Überlegen Sie, welches Ambiente Sie im Raum erzeugen wollen.

Die Trauerfarbe

Allerheiligen – Allerseelen - Gedenken der Verstorbenen, Zeit der inneren Einkehr und der Trauer. Nicht nur der Himmel vergraut sich. Schwarz ist für viele Menschen unserer Breiten die Farbe des Abschiedes, des Leids und des Todes; bestens geeignet auch in der Kleidung seiner bedrückten Stimmung Ausdruck zu verleihen. Schwarz als Trauerfarbe!

Ein Signal des Verletzlichen, Verletzbaren, des „Abstand halten wollens". Man baut sich sichtbar eine Barriere zu seinen Mitmenschen auf, will mit sich alleine sein. Das Schwarz wird abgelegt, sobald man die Trauerarbeit bewältigt hat. Erst dann kehrt man zu seiner „farbenfroheren" Bekleidung zurück, um wieder aktiv am Leben teilzunehmen.

Doch verkörpert die Farbe Schwarz nicht auf dem gesamten Globus die Trauerfarbe. In östlichen Kulturen, in denen der Tod als Übergang in ein neues Leben und nicht als Ende angesehen wird, nimmt Weiß die Stelle von Schwarz als Farbe der Trauer ein.

In der chinesischen Sprache bedeutet die wörtliche Übersetzung von Begräbnis: „Weißer Anlass!" Die Farbe Schwarz steht dort, im Gegensatz zu unserem Empfinden, für den Lebensbereich Beruf und symbolisiert Macht und Geld.

Wer in Korea einen Namen in rot schreibt, signalisiert, dass diese Person tot ist. Für uns ist es nur schwer vorstellbar, dass Rot, die Farbe der Kraft, Macht, der starken Gefühle, des Blutes und auch der Liebe, eine Trauerfarbe sein soll. In China ist sie die glückbringendste Farbe der gesamten Palette. Doch im westafrikanischen Ghana wird Rot in Trauerfällen verwendet.

Gibt es typisch männliche bzw. weibliche Farben?

Als die Farbe Rosarot in Hemdform versuchte, den Markt zu erobern, schüttelte man nur den Kopf. Wie kann auch ein erwachsener Mann sich nur in eine solche Babyfarbe hüllen?!

Schon bei Kleinstkindern erkennt man das Geschlecht an der Farbe der getragenen Einteiler (Strampelanzüge): rosa für Mädchen, hellblau für Buben. Ein klarer Fall und, dass erwachsene Buben zu hellblauen Hemden greifen, ist ebenfalls ganz in Ordnung. Nur, die Farbe Hellblau war nicht seit jeher eine männliche Farbe!

Rot, die älteste nachweislich überlieferte Farbe, steht für Blut, Kampf und Lebenskraft. Attribute, die seit der „Jäger- und Sammlerära" dem männlichen Geschlecht zugeschrieben werden. Rote Männerkleidung findet man in unzähligen Portraits diverser Adeliger vergangener Epochen. Rot war eben männlich! Rosarot entsteht aus der Aufhellung von Rot durch Weiß. Man nennt diese Farbe auch liebevoll „das kleine Rot"! Ordnet man die leidenschaftlichen Gefühle dem Rot zu, so gehören die sanften Gefühle dem Rosa. Diese Farbgebung war bei unseren Vorfahren dem männlichen Nachwuchs vorbehalten. Kleiner Mann – kleines Rot. Der Brauch, Rosa als Kennfarbe des Weiblichen von Geburt an einzusetzen, entstand erst um ca. 1920!

Blau, die Farbe des Geistes, der Ruhe und der Besonnenheit, war der „Frau am Herde" zugedacht. Ihr oblag die Aufzucht der Kinder. Sie sollte zurückhaltend und überlegt handeln und nicht mit dem feurigen Temperament des beschützenden Familienoberhauptes konkurrieren. Die Gottesmutter ist auf den meisten Abbildungen, in einen hellblauen Mantel gehüllt, dargestellt.

Im Laufe der Jahre und im Wandel des Modediktats (auch Frauen dürfen Hosen tragen!) kam es zu einer Überlappung der geschlechts-spezifisch zugedachten Farben. Getragen wird heute, was Spaß macht und einem zu Gesicht steht. Eine Frau im blauen Kostüm ist ebenso denkbar, wie ein Mann im dezent roten Sakko. Es gibt keine weibliche bzw. männliche Farbdomäne, und das ist gut so.

Über Farben sprechen

Über Farben zu sprechen, fällt uns bekanntlich nicht immer leicht. Wir wissen, dass ein Tannenbaum grün und eine Orange orange sein muss. Ein Wissen, welches wir uns in der Kindheit angeeignet haben. Wir lernen Begriffe, Farben und das Zuordnen der beiden. Vokabel, die im Hirn gespeichert werden und für uns jederzeit abrufbar sind. Wir kennen den Unterschied zwischen dem Rot einer Kirsche und dem Rot einer Tomate.

Wie erklärt man jedoch das glänzende Braun einer Kastanie, wenn dem Gegenüber weder der Begriff Braun noch der Ausdruck Kastanie geläufig ist? Die Farbe an sich ist nur höchst diffizil mit Worten fassbar. Es gibt heute noch Bewohner von Südseeinseln, die keine Unterscheidung zwischen Grün und Gelb vornehmen. Die Maori besitzen hingegen 600 Varianten, die Farbe Grün zu beschreiben. Nicht nur die Benennung der Farben, sondern auch ihre Wahrnehmung scheint kulturell determiniert. Rot ist die einzige Farbe, die im Wortschatz sämtlicher Kulturen und Völker auffindbar ist.

Es ist noch nicht wissenschaftlich belegt, dass zwei Menschen einen Farbton auch in gleicher Weise sehen. Wir behelfen uns mit Vergleichen, um Farbe zu verdeutlichen (gelb, wie diese Zitrone; grau, wie Peters Hausschuhe etc.). In Definitionsnot gerät man hingegen, wenn man dem Malermeister genau diesen Grauton beschreiben möchte, und der Peters Hausschuhe nicht kennt. Um Wände in diverse Farben zu tauchen, benötigt man einen großen Zeit- und Materialaufwand. Hier überlässt man nichts dem „Zufallstrefferprinzip“.

Jede Farbe lässt sich mit Hilfe dreier Faktoren ausreichend beschreiben. Die Angabe von Farbton, Sättigung und Helligkeit (NCS- oder RAL-System) ermöglicht es dem Fachmann, die gewünschte Farbnuance herzustellen.

Um Farben zu genießen und mit Augen und Sinnen aufzunehmen, bedarf es keiner verbalen Formulierungen. Genießen und Schweigen!

Lass Farbe an dich ran!

Die Farbe der Wappen

In grauer Vorzeit nahm das Wappen die Funktion unserer neuzeitlichen Visitenkarte ein. Das Familien-Wappen wurde gut sichtbar präsentiert und prangte von Fahnen und Schildern. So konnte schon aus großer Entfernung unterschieden werden, ob es sich um Freund oder Feind handelte oder, wer als Sieger aus einem Turnier hervorging.

Die Farbwahl in der Heraldik (Wappenwesen) war willkürlich einer Familie zugeordnet. Doch bei der Gestaltung bestanden festgesetzte Vorschriften. Das Wappen musste geometrisch geteilt, mit Figuren bzw. Tieren geschmückt und farblich akzentuiert sein. Jeder Farbe kam eine spezielle Bedeutung zu.

Gold stand für Ehre und Sieg; Silber für Demut und Ehrenhaftigkeit; Blau für Wahrheit, Weisheit und Treue; Grün für Glaube und Hoffnung; Schwarz für Beständigkeit; Weiß für Glaube und Frieden; Gelb für Ruhm und Reichtum.

Am häufigsten war die Farbe Rot in der Heraldik anzutreffen. Rot als Symbol der Freiheit und des Krieges war gut sichtbar und zu dieser Zeit eine der lichtbeständigsten Farben.

Die Verwendung von Orange war über einen längeren Zeitraum überhaupt nicht erlaubt. Gold und Silber wurden niemals gemeinsam angetroffen. Doch keine Vorschrift ohne Ausnahme: Das Königreich Jerusalem zeigte auf seinem Wappen ein goldenes Kreuz auf silbernem Grund.

Meist wurde auch auf Weiß und Gelb verzichtet und statt dessen lieber deren metallische Farbverwandten Silber und Gold eingesetzt. Nur das Wappen des Papstes weist eine gelb-weiße Farbgebung auf.

Welche Farbe macht schlank?

„Schwarz, natürlich!", scheint die einzige Antwort auf diese Frage zu sein. Jedem fällt diese Farbe spontan zu allererst ein. Vielleicht kommt man nach einigem Zögern noch zum Schluss, dass auch dunkelblaue oder dunkelgraue Kleidung schlank macht. Wie wäre es mit dunkelgrün, dunkelbraun oder violett? Auf gar keinen Fall?!

Wahr ist, dass dunkle, schlichte Kleidung bei größeren Konfektionsgrößen zu bevorzugen ist. Dunkle, matte Farben treten zurück, während helle, glänzende Modelle auftragen. Wieso sollte man sich jedoch hinter den Tarnfarben Grau, Schwarz und Dunkelblau verstecken, wenn man zu jenen Menschen zählt, die einen stärkeren Körperbau aufweisen? Muss man sich in unserer Gesellschaft dafür schämen?

Sofern keine gesundheitlichen Einwände vorliegen, sollte Frau (bzw. Mann) zu sich und ihrem (bzw. seinem) Spiegelbild stehen und das Beste aus sich machen. Die typgerechte Farbwahl in der Oberbekleidung ist schon der halbe Weg zum optischen Erfolg.

Warmen Frühlings- bzw. Herbsttypen steht nun mal kein Schwarz, das in Gesichtsnähe getragen wird. Hier wäre zum Beispiel eine dunkelbraune Farbgebung in der Bekleidung wesentlich vorteilhafter. Die erwünschte „streckende" Wirkung kann auch mit der „Ton in Ton" - Variante erzielt werden. Türkis von Kopf bis Fuß schmeichelt „weiblicheren" Figuren mehr, als ein schwarzes Top zu weißer Hose! Welche Farben harmonisch zum Gesicht stehen, lässt sich mit Hilfe einer einmaligen Farbberatung ermitteln.

Mode macht Spaß – auch in großen Größen!

Winterdepression

Gerade nach trüben Wintertagen, auch wenn sie mit den weißen Wonnen des Schnees verbunden sind, spürt man, dass etwas vehement abzugehen scheint. Der Sonnenschein! Licht und Farben sind in diesen Monaten allzu spärlich erhältlich. Doch das Sonnenlicht mit all seinen Spektralfarben ist für uns Lebewesen einfach lebensnotwendig.

Ein Mangel an Sonnenbestrahlung führt zu einer Schwächung der Widerstandsfähigkeit des Körpers und zu der „Saisonal abhängigen Depression" (SAD), der Winterdepression. Heutzutage wird diese Erkrankung nicht mehr als Hirngespinst abgetan, sondern medizinisch ernst genommen. Auftretende Symptome sind: Müdigkeit, Antriebsschwäche bei gleichzeitigen Schlafstörungen, Gereiztheit und Nervosität.

Das weiße Licht der Sonne weist in seinem Spektrum eine fast idente Mengenverteilung jeder Farbe auf (rote, orange, gelbe, grüne, blaue und violette Anteile sind vorhanden), Kunstlicht jedoch, egal welcher Lichtfarbe, (warmtonig bei Glühlampen, kalttonig bei Leuchtstoffröhren) ist kein wirklich adäquater Ersatz.

Die im Verkauf erhältlichen „Vollspektrumlampen" kommen der spektralen Zusammensetzung des Sonnenlichtes am nächsten und werden daher auch zur Therapie von SAD herangezogen.

Dem Kunstlicht fehlt noch ein weiterer wichtiger Bestandteil, der ultra-violett Anteil. Nach all den Horrormeldungen über den Verursacher von Hautalterung und Krebs scheint diese Tatsache nicht weiter beunruhigend. Doch UV, in Maßen genossen, ist auch biologisch aktiv. Die Vitamin D Produktion wird durch UV-Bestrahlung erst angeregt.

Die Erkenntnis, dass Licht in zwei Nervenbahnen zum Gehirn geleitet wird, macht uns die Tatsache verständlich: Licht und Farbstrahlung haben einen nicht unbedeutenden Einfluss auf die „Funktionsweise" unseres Körpers.

Ein Teil des optischen Reizes, der durch Licht oder Farben hervorgerufen wird, erreicht über die optische Sehbahn unser Hirn. Die Information wird mit gespeicherten Daten verglichen und verknüpft; wir erhalten den Eindruck „Farbe bzw. Licht" zu sehen.

Der zweite Anteil wird über die energetische Bahn zur Hypophyse gelenkt. Letztere überwacht und reguliert einige Körperfunktionen, wie Temperatur, Blutdruck, Sexualtriebe, um nur einige zu nennen.

Daher nutzen Sie die Gelegenheit, Sonnenstrahlen zu erhaschen und umgeben Sie sich mit viel Farbe!

Warum sind Tiere bunt?

Tiere haben drei Beweggründe sich derart farbenfroh zu präsentieren, wie wir sie wahrnehmen. Zum einen wollen sie gefallen, nicht uns menschlichen Wesen, sondern ihren weiblichen Artgenossen. Nur wer durch Farbe, Größe oder Gehaben auffällt, hat Chancen bei den Weibchen und damit auch auf Nachkommenschaft.

Laubenvögel, die kein buntes Federkleid zur Schau stellen können, bauen tolle Nester aus lauter blauen Fundstücken, wie Steine, Beeren, aber auch aus Abfällen in dieser Farbe.

Ein weiterer Grund Farbe zu bekennen, ist die Warnung. Lass mich in Ruhe, ich bin giftig! So manch kleines Tier hat ganz besondere Waffen, und damit dies auch jeder weiß, warnen sie andere mit ihren Knallfarben.

Natürlich kann man seine Umwelt durch auffallende Farbgebung auch täuschen. Röhrenspinnen sind nicht giftig, aber sie verkleiden sich wie die ungenießbaren Marienkäfer. Schwebfliegen haben gelb-schwarze Streifen, den Bienen und Wespen zum Verwechseln ähnlich, sind jedoch vollkommen harmlos.

Tiere benutzen Farbe auch um sich zu tarnen und um sich zu verstecken. Wenn sie keiner sieht, kann sie auch keiner fressen! Grün wie Gras, braun wie Erde. Aber auch gefleckt und gestreift lassen sie sich schwer für Feinde als Beute ausmachen.

Farben in der Tierwelt (und nicht nur dort) zum Werben, Warnen und Tarnen!

Farbwechsel im Tierreich

Für uns menschliche Wesen ist es ein Leichtes, unser Outfit im Handumdrehen zu wechseln. Ein neuerlicher Griff in den Kleiderschrank und wir können, je nach Lust und Laune, unser farbliches Erscheinungsbild verändern.

Tiere haben es da eindeutig schwerer. Ihnen steht von Natur aus zwar nur ihre Haut bzw. ihr Pelz zur Verfügung, doch schlagen manche der Natur ein Schnippchen und wechseln ihre Farbigkeit nach Bedarf.

Tarnfarben sind von großem Vorteil um sich einerseits zu verstecken, jedoch auch um unbeobachtet auf Jagd zu gehen. (Das weiß auch das Bundesheer und trägt Tarnfarben!) Die Farbe des jeweiligen Untergrundes wird perfekt imitiert und man verschmilzt förmlich mit seiner Umgebung. Neben dem Chamäleon (von grün zu braun) haben auch die Flunder und der Krake diese Fähigkeiten. Sie verändern die Helligkeit je nach Sandart. Der Krake ahmt sogar Risse eines Felsens nach; und wenn er sich ärgert, wird er rot vor Wut! Die Krabbenspinne verändert ihr Äußeres von gelb nach weiß. Sie passt sich der Blumenart an, die ihr als Jagdrevier auf Bienen und Fliegen dient.

Doch auch jahreszeitlich bedingte Verfärbungen sind in der Tierwelt an der Tagesordnung. Im Sommer braun, im Winter weiß, so wechselt der Hermelin sein Fell. Geht es zur Balz wird oftmals der Tarnanzug unvorsichtig ausgezogen. Das unauffällige Braun wirft der Moorfrosch bei der Brautschau über Bord und leuchtet in sattem Blau! Der Bachsaibling überredet mit rotem Bauch das Weibchen zur Eiablage. Möchte der Nasendoktorfisch seine Läuse loswerden, wechselt seine Farbe von Grau zu Hellblau. Das ist das Zeichen für die Putzergarnele, die nun auch die Fischläuse besser erkennen kann und sogleich an die Arbeit geht.

Rangfarben und Kleiderordnung

„Zeig mir, was du trägst, und ich sage dir, wer du bist." Kleider machten und machen eben Leute.

Farbige Markierungen waren die einfachste Variante Hierarchien, Stände und soziales Ansehen äußerlich sichtbar zu machen. Von weitem war es durch die Farbigkeit der Kleidung möglich zu erkennen, mit wem man es zu tun hatte.

Schon in der Antike bestand eine Kleiderordnung. Rot, die Farbe der Kraft und Stärke, sowie Weiß, die Farbe der Reinheit und Erhabenheit, waren der griechisch-römischen Oberschicht vorbehalten. Sklaven und den unteren Schichten überließ man die graue und blaugraue Bekleidung.

Im 12. Jahrhundert, zu Beginn der Kreuzzüge, wurden diese Rangfarben von den christlichen Ländern übernommen. Der Adel trug reine, leuchtende Farben als Zeichen seiner Würde. Rot, Blau, Grün, Braun, Weiß und Schwarz waren für das einfache Volk zu dieser Zeit tabu. Bauern und Knechten wurde graue, ungefärbte Kleidung vorgeschrieben.

Juden, Ketzer, Hexen, Scharfrichter samt ihren Familienmitgliedern und Prostituierten wurde die Signalfarbe Gelb zugedacht. Die Ausgrenzung dieser „Randgruppen" war perfekt sichtbar. Gelb war schon in der Antike den Dirnen vorgeschrieben, sie hatten sich die Haare gelb zu färben oder gelbe Perücken zu tragen.

Die Farbe der Kleidung war also lange Zeit keine Frage des Geschmackes, sondern eher eine Frage der Macht und des Geldes.

Farbpsychologie

Farben haben seit Urzeiten einen wesentlichen Einfluss auf die Psyche von uns Menschen. Auch heute noch, ob wir uns dessen bewusst sind, sein wollen oder versuchen emotionales Empfinden auf Farbreize zu ignorieren.

Farben dienen uns zur Orientierung in unserer Umwelt, sie rufen Gefühle in uns hervor und steuern damit die Qualität unserer Erlebnisse. Durch verschiedene Farbgebung kann ein und derselbe Gegenstand auf uns einen völlig anderen Eindruck machen. Wir empfinden ihn subjektiv als leichter, schwerer, süßer, höher oder weiter.

Seit Menschengedenken haben wir uns mit Licht und Farbe beschäftigt, doch erst im 20. Jahrhundert drang die Farbpsychologie auch an die Universitäten vor. Noch heute kämpft dieses Teilgebiet der Psychologie um Anerkennung, trotz der unbestrittenen Bedeutung von Farben für die Psyche des Menschen und die Erkenntnisse, die wir daraus ziehen können.

Entstanden ist die Farbpsychologie zu einem Zeitpunkt, als der Mensch bereit und fähig war, über sich selbst nachzudenken und Beziehungen zwischen seinem Wesen und seiner Umwelt zu hinterfragen begann. In kultischen Handlungen hatte Farbe immer ihren fixen Stellenwert, um mystische Empfindungen hervorzurufen. Die ersten Farbpsychologen waren Medizinmänner und Priester; in allen Epochen haben Künstler, Maler und auch Schriftsteller versucht, durch Farben bestimmte Stimmungen und Gefühle heraufzubeschwören.

Wir leben nicht nur mit Farbe, sondern auch durch Farbe!

Farbe im chinesischen Theater

Farbe spielt im chinesischen Schauspiel nach alter Überlieferung eine besondere Rolle. Die Farben der Schminke und der Gewänder zeigen dem Publikum Charakter, Alter und gesellschaftlichen Stand einer Gestalt an. Diese Farben entsprechen formellen Konventionen, die neben der Schauspieltechnik, der Musik und kodifizierten Bewegungen und Gesten das Drama symbolisch erzählen.

Es gibt vier verschiedene Charaktere; männlich, weiblich, bemaltes Gesicht und komische Gestalt. Die weibliche Darstellerin hat typischerweise leicht gerötete Wangen und ein mattweißes Gesicht. Die Augen sind mit einem tiefen Rot umrandet und die Brauen mit einer schwarzen Linie verlängert. Das Gewand der weiblichen Gestalt ist weiß bis blassblau. Eine ältere Frau wird mit einer grauen Perücke, ohne Make-up und mit düsteren, braunen, grauen, schwarzen oder weißen Gewändern dargestellt.

Die männliche Rolle kann durch einen aufgemalten Bart symbolisiert werden. Je tapferer und mutiger diese Gestalt ist, desto rötlicher fällt der Bart aus. Für die Rolle des „bemalten Gesichtes“, das einem General, einem Minister oder einem übernatürlichen Wesen gehören kann, werden die Farben gezielt eingesetzt; wobei zB. Rot Treue und Blau Wildheit anzeigt. Weiß warnt vor Verrat. Ein runder weißer Fleck auf dem Gesicht eines Schauspielers enthüllt die komische Gestalt (Diener, Priester, Schurke Scharlatan oder törichter General).

Farbige Schleier, die das Gesicht bedecken, geben einen besonderen Status an: Rot eine Braut, Gelb ist ein Kranker und Schwarz verdeutlicht einen Geist.

Welche Farbe hat das Leben?

Durch welche Farbe lässt sich das Leben am besten beschreiben? Welchen Farbton würde man wohl dafür auswählen?
Rot? Rot, wie Blut, welches in allen lebenden Wesen unseres Planeten fließt?

Oder Grün? Grün, wie das Sprießen und Wachsen unserer Vegetation? „Bruder Baum“ versorgt auch uns Menschen mit lebenswichtigem Sauerstoff.

Braun? Braun, wie das Erdreich, aus dem der Großteil der Natur hervorgeht?

Gelb? Gelb, wie der Sonnenstrahl, der unsere derzeitige Lebensform erst möglich macht?

Blau? So blau, wie Himmel und Meer erscheinen? Wer kann schon ohne Luft und Wasser leben?

Oder gar Schwarz? Schwarz, wie der Mutterleib, in dem der Embryo heranwächst?

Was ist mit Orange, Rosa, Violett, Türkis? Farben, die den Früchten und Blumen eigen sind? Was ist mit all der Farbenvielfalt, die wir im Gefieder der Vögel, im Schuppenkleid der Fische oder im Pelz unserer Haustiere wieder finden?

Hätte man das Leben durch Farbe zu beschreiben, so würde sicherlich kein einzelner Ton ausreichen. Alle Farben der Erdpalette sind dafür notwendig! Denn: Farben bedeuten Licht, bedeuten Energie, bedeuten Leben!

Beerdigungsfarbe Rot

Der älteste Brauch auf unserem Kontinent ist auch der, der am längsten ausgeübt wurde. Die Bestattung mit roter Farbe!

Über 30 000 Jahre lang, mit zeitweiligen Unterbrechungen, wurde diese rituelle Handlung bis ins ausgehende Mittelalter vorgenommen. Schon der erste „Europäer", der Cromagnon-Mensch, gab seinen Toten Geräte, Schmuck und vor allem sehr viel roten Farbstoff mit ins Grab. Wahrscheinlich waren den Menschen des Jungpaläolithikums die Zusammenhänge zwischen der Farbe Rot und den Begriffen Leben, Kraft und Mut bereits bekannt. Man verwendete die „Magie der roten Farbe" überall dort, wo man eben Lebenskraft und Steigerung der Leistungsfähigkeit für wünschenswert hielt. Dem Verstorbenen gaben sie in Form der roten Farbe, Kraft für das Leben im Totenreich mit.

Sehr oft waren Beerdigungen mit Blutspenden verbunden. Tiere, aber auch Menschen wurden geopfert; Diener und Ehefrauen mussten den Toten begleiten. Doch die vorrangige Bedeutung des roten Farbstoffes ist auch daran zu erkennen, dass er an vielen Stellen der Erde abgebaut wurde. Im heutigen Ort Lovas, am Plattensee in Ungarn, gab es nachweislich schon im Jungpaläolithikum ein Ockerbergwerk. Die gewaltigen Mengen dieses Pigments wurden offensichtlich im Tauschhandel über weite Gebiete verteilt. Die Nachfrage war groß. In manchen Gräbern wurden bis zu 10 kg des Farbstoffes gefunden. Rote Farbe als „Kraftquelle"! Man versuchte, diese Kraft den Toten zuzuwenden, aber auch wichtigen Gegenständen des Lebens, den Jagdwaffen. Speere und Schleudern wurden in Rot eingefärbt.

Die Farbe Rot im Totenkult erstreckt sich vom Bestreichen und Bedecken mit Blut oder Farbstoff, über das Rotfärben der Gebeine, bis zur Sitte, die Toten in rote Tücher zu hüllen. Im Mittelalter wurden verstorbene Adelige sehr oft mit Purpurdecken bestattet. Als Gustaf Adolf II, König von Schweden, 1632 in der Schlacht fiel, waren alle Schiffe seiner Flotte, die seinen Leichnam nach Hause brachten, rot drapiert.

Safrangelb

„Backe, backe Kuchen, der Bäcker hat gerufen….“.
Wer kennt ihn nicht, den alten Kinderreim. Lange Zeit konnte ich die Zeile „ und Safran macht den Kuchen gel..“ nicht verstehen.

Im Altertum galt der Krokus als König der Pflanzen, da der aus ihm gewonnene Farbstoff Crocin eine unglaubliche Färbekraft besaß. Die gelbe Farbe ist noch in einer Verdünnung von 1: 200 000 gut sichtbar! Safran diente zum Färben von Kosmetika, von Wein und Speisen (macht daher auch den Kuchen gelb!) oder zum Würzen. Auf Grund seiner desinfizierenden Wirkung verwendete der römische Kaiser Safran als Badezusatz und ließ im Theater die Sitze der oberen Gesellschaft mit Safranwein besprengen.

Zum Färben von Textilien mußte jedoch auch auf das Material großes Augenmerk gelegt werden. Der Farbstoff benötigte reinweiße Gewebe. Da das Färben von Baumwolle Grauschleier ergab, kam nur die teure Seide in Frage. Gelb, ein Zeichen der Macht und des Einflusses. Ähnlich wie die rote Farbe im Römischen Reich und im Mittelalter, verkörperte die Farbe Gelb in China ab dem 3.Jahrtausend v. Christi Macht und Herrschaft. Die mit Safran gefärbten Gewänder wurden dem einfachen Volk verboten, nur der Kaiser selbst und buddhistische Mönche durften sie tragen.

In Europa konnte Gelb niemals das Herrschaftssymbol Rot verdrängen, jedoch trugen Königstöchter häufig gelb gefärbte Seidenkleider.

Safrangelb galt auch als Farbe der Liebe und Wollust. Venus, die römische Liebesgöttin, war in ein gelbes Gewand gehüllt. Im Mittelalter wurde das Gelb von seinem Thron gestoßen, die Farbe durch das Christentum diskriminiert. Die Liebesfarbe wurde zur Farbe der Dirnen. Gelb galt als Farbe des Neides und des Geizes, zwei der sieben Todsünden, und als Schandfarbe. Das Signalisieren einer gelben Flagge auf einem Schiff bedeutete den Ausbruch einer Seuche. Wo eine gelbe Fahne wehte, wütete die Pest.

Hochzeitsfarben

Wir denken natürlich sofort an Schwarz und Weiß, an das weiße Brautkleid und den schwarzen Anzug des Bräutigams. Wie kommt jemandem bloß die Farbkombination Rot-Weiß in den Sinn? Rot wie Liebe und Weiß wie die Reinheit und Unschuld? Dieses Sinnbild deckt sich sehr gut mit den Vorstellungen einer romantischen Hochzeit.

Doch die Quelle dieser Farbverbindung liegt weit in der Vergangenheit. Da haben noch ganz andere Maßstäbe für eine Eheschließung gegolten. Liebe hatte eine recht untergeordnete Rolle zu spielen. Der Bestand der Güter war zu sichern und die Erbfolge zu regeln. Somit lässt sich auch die ursprüngliche Interpretation der Symbolfarben erklären: Gesunde Fortpflanzung war der Hauptwunsch der Menschen und aus diesem Grunde steht bei den Hochzeitsbräuchen die Fruchtbarkeit im Vordergrund.

Weiblichen Wesen entströmt von Zeit zu Zeit Blut (Menstruation), männlichen Wesen der Samen. So wurde der Weiblichkeit die Farbe Rot, der Männlichkeit die Farbe Weiß zugeordnet. Die symbolische Verknüpfung roter und weißer Bänder war für die Menschen vorwissenschaftlicher Zeit leicht verständlich.

Der daraus entstandene Bändertanz hat sich in Teilen Europas bis heute am Leben gehalten. Von einem in die Erde gerammten Stab hängen Bänder in den Farben Rot und Weiß herab. Die Tänzer nehmen weiße, die Tänzerinnen rote Bänder, die während des Tanzes durch Verflechten immer näher an den „Baum" rücken. So wurde um 1500 in Rom bei der Hochzeit von Lukrezia Borgia getanzt. Und noch heute finden wir den „Bandltanz" in Bayern, Kärnten, Steiermark und Salzburg.

Schwarz – Weiß, oder doch bunt?

Wir Menschen wollen alles „schwarz auf weiß", mit unseren eigenen Augen sehen um sicher zu gehen, dass ein korrekter, seriöser und glaubwürdiger Sachverhalt vorliegt. Schwarz-Weiß und die dazwischen liegenden Grautöne gehören zu den unbunten Farben. Farben, die introvertiert erscheinen.

Schwarz als Bekleidung wird von Puristen, Intellektuellen und Künstlern bevorzugt. Die beiden Letzteren benötigen die schwarze Farbe als Schutzmantel für ihre eigene Person; ihre Gedanken, ihre Taten scheinen ausreichend schrill, bewegt und bunt zu sein.

Viele Menschen scheuen sich jedoch davor, Farbe zu bekennen. Sie lassen Farbe nicht an sich heran, aus Angst von Gefühlen übermannt zu werden. Gefühle, die Farben zweifellos in uns menschlichen Wesen, bewusst wie auch unbewusst, hervorrufen können. Man tarnt sich in schwarzer Kleidung und in weiß eingerichteten Wohnbereichen. Farbe könnte etwas über die eigene Persönlichkeit enthüllen, das wäre zu intim!

Die „wahren" Farben erscheinen frech, beschwingt, manchmal auch zu überschwänglich. Wo bleibt die noble Zurückhaltung des „schwarz-weißen" Tones? Man muss die Buntheit nicht nach „Clown-Manier" überdimensional dick auftragen. Ein dezent eingesetzter Farbakzent kann ebenso Geradlinigkeit, Extravaganz und Noblesse ausdrücken, wie die so geliebte unbunte „Ton in Ton"-Variante.

Kinder leben gerne in einer bunten Umwelt, für sie gibt es keine durch Farbharmonie gesetzten Grenzen. Je bunter, desto lustiger. Farbe zaubert ein Lachen auf die Gesichter und vermittelt Fröhlichkeit. Auch Erwachsene bräuchten dieses Lächeln, die Offenheit für die Gefühlswelt der Farben!

Ich über mich

Ich bin

Tochter,

Schwester,

Ehefrau,

Mutter,

Biochemiker,

Farb-u. Typberater,

BEF-Farbberater

und vor allem bin ich eines:

Ich bin vom Farbvirus infiziert worden.

Dies geschah im Jahre 1998 und ich habe mich Gott sei Dank davon bis heute nicht erholt!

Literatur

Frieling, Heinrich: Bewusster mit Farben leben, Muster-schmidt

Batchelor, David: Chromophobie, Angst vor Farbe, WUV

Küppers, Harald: Das Grundgesetz der Farbenlehre, Dumont

Lüscher, Max: Das Harmoniegesetz in uns, Econ & List

Bruns, Margarete: Das Rätsel Farbe, Materie und Mythos, Reclam

Schmidt, Werner: Die Biophysik des Farbensehen, Edition Farbe

Gniech, Gisela: Die Farbe, Psychologie für alle, Donat Verlag

Hunkel, Karin: Die Kraft der Farben, Gräfe und Unzer

Braem, Harald: Die Macht der Farben, Langen Müller/Herbig

Guild, Tricia: Farbberatung Wohnen, Augustus

Buscher, Christel: Farbberatung, Kleidung, Make-up, Haare, Brille, Schmuck, Bassermann

Frieling, Heinrich: Farbe hilft verkaufen, Muster-Schmidt

Vollmar, Klausbernd: Farben ihre natürliche Heilkraft, Gräfe und Unzer

Riedel, Ingrid: Farben in Religion, Gesellschaft, Kunst und Psychologie, Kreuz

Strebel, Annemarie: Farben, Kinder des Lichts, Windpferd

Zwimpfer, Moritz: Farben ordnen, mit Farben spielen

Welsch, Norbert: Farben, Natur Technik Kunst, Spektrum

Guckenberger, Otmar: Farbenlehre für Handwerksberufe, DVA

Wied, Susanne: Farbenräume, vom klinischen Weiß zu pflegenden Farben, Verlag Hans Huber

Jenny, Peter: Farbhunger, B.G. Teuber

Ray, Clarissa: Farbmeditation, mvg Verlag

Dobretzberger, Fritz: Handbuch der Farben, Dumont

Faber, Stephanie: Mein Farbenbuch, Goldmann

Rodeck/Meerwein/Manke: Mensch Farbe Raum, Alexander Koch

Schilling, Inge & Gerd: Symbolsprache Farbe, Deutscher Spurbuchverlag

Richmond, Doreen Frances: Tischdekoration und Wohnen in Farbharmonie, Callwey

Knuf, Joachim: Unsere Welt der Farben, Dumont

Beer, Ulrich: Was Farben uns verraten, mvg Verlag

Heller, Eva: Wie Farben auf Gefühl und Verstand wirken, Droemer

Heller, Eva: Wie Farben wirken, Rowohlt

Parron, Jose M.: Wie mische ich meine Farbe richtig, Edition Michael Fischer

Goethe, J.W.: Die Tafeln zur Farbenlehre, Insel Verlag

Fischer, Ernst Peter: Die Schichten der Farbe, Edition Farbe

Schmidt, Gerhard: Farbassoziationstherapie, R.G. Fischer Verlag

Dies ist nur eine kleine Auswahl von Büchern über dieses interessante Thema.